Écrit par une Femme pour les Femmes.

COR UNUM ET ANIMA UNA

Économie Domestique

Louise Vergnes-Verniers

30 Juillet 1887.

ÉCONOMIE DOMESTIQUE

EN CINQ PARTIES

Morale domestique. — L'Habitation et ses dépendances.
Notions d'Agriculture, Horticulture et Floriculture.
Physiologie des Denrées.
Art culinaire, Comptabilité.

ET TROIS SYNTHÈSES

IDÉAL - DEVOIR - PRATIQUE

PAR

Louise VERGNES-VERNIER

CANDIDAT ADMISSIBLE AU GRAND PRIX DE REIMS

Cor unum et anima una.

ÉDITEURS

PARIS	TOULOUSE
HACHETTE & Cie	PRIVAT, Libraire,
70, Boulevard Saint-Germain.	Rue des Tourneurs, 45.

1887

TOULOUSE, IMPRIMERIE MARQUÈS & Cie, BOULEVARD DE STRASBOURG, 22.

ERRATA

Page 41, 24ᵉ ligne, lire *Mnesithée*, au lieu de Musisthée.
— 43, 25ᵉ ligne, lire *aimable*, au lieu de aimahle.
— 51, 3ᵉ ligne, lire *sa raison*, au lieu de se raison.
— 60, 1ʳᵉ ligne, lire *l'enfant*, au lieu de l'ensfant.
— 103, 2ᵉ ligne, lire *vermifuge*, au lieu de anti-vermifuge.
— 123, 20ᵉ ligne, lire *toilette*, au lieu de toillette.
— 220, 1ʳᵉ ligne, lire *laxatif*, au lieu de laxati.

HOMMAGE AU SOUVENIR DE MON DIGNE PÈRE

Votre cœur vit en nous.

RECONNAISSANCE A MA MÈRE

Je vous dois tout, je vous rends tout. C'est à vos pieds que je dépose tous les sentiments de respect, de tendresse, de reconnaissance qui sont dans mon âme et que traduit mon livre.

DÉVOUEMENT A MON FILS

C'est à toi seul, ô mon Victor, que je jure d'aimer le travail qui est la consolation et l'honneur.

SOUVENIR A MES FRÈRES, SŒURS, PARENTS ET AMIS

On n'oublie pas ceux qui dans les malheureux jours vous font l'aumône du cœur; et c'est à vous tous, parents nombreux et amis sincères, que je donne mon livre en souvenir..... noble vengeance à mes quelques ennemis.

SYMPATHIE A MES LECTRICES

CONSOLATION

La neige tapissait la terre
Et frangeait le toit des maisons,
Au coin de l'âtre solitaire,
Je regardais mes froids tisons ;

Bientôt une douce parole
M'arrache à mon accablement...
Viens ! — disait-on, — car je console
Des regrets, de l'isolement.

— Amie, dans tes jours de souffrance,
Des ennuis je te guérirai.
A l'heure où s'en va l'espérance,
Vite, appelle-moi : je viendrai.

— Mais qui donc ainsi m'encourage,
Quand je ne sais que devenir ?
— Je suis la compagne du sage :
A ma voix il croit rajeunir.

Le bon sourire de ta mère,
Tes jours d'illusion, de foi,
Et tous ceux qui t'aimaient naguère,
Tu les reverras, — grâce à moi !

Les rêves de l'adolescence,
Et le parfum d'un chaste amour,
Avec les fêtes de l'enfance
Vers toi reviendront tour à tour.

Bien loin des ronces de la vie
Je te conduirai par la main ;
Nous suivrons la route fleurie,
Car je choisirai le chemin.

Adieu l'hiver et la tristesse !
Le printemps te sourit là-bas ;
Un chaud rayon déjà caresse
Le thyrse embaumé des lilas...

— Quel est ton nom, bel ange rose,
Qui parles de si doux plaisirs ?
— Je suis, pauvre femme morose,
L'Ange des riants souvenirs.....

Alexandre PIEDAGNEL.

A côté du rayon lumineux que l'Ange de l'idéal et de la poésie laisse après lui, j'ai essayé de tracer le pénible sillon de la pratique et du devoir en écrivant cet ouvrage. Parfois j'ai été sur le point de déchirer ces pages, il me semblait que tout ce que je disais vous le saviez suffisamment, mesdames, mesdemoiselles ; mais comme l'avare range ses sous de cuivre terne, ainsi je cachais mes feuilles mortes... Sollicitée par mes parents et mes amis, désireuse de faire connaître ce que je sens, ce que je suis, ce que j'aime à ceux qui ne me connaissent pas assez et pour rendre ainsi à mes parents un hommage de reconnaissance, je mets mon trésor au jour.

L'Economie domestique est ma fille unique. Je la nomme *Idéal, Devoir, Pratique ;* je la voue aux couleurs symboliques du bleu, du gris et du noir, et je vous l'offre. Daignez l'accueillir dans vos familles, partout où il y a un foyer et une femme qui le représente. Elle sera sa compagne aux heures de l'isolement ou de la douleur. J'ose espérer que mes paroles seront utiles à quelques-unes, agréables à plusieurs, consolantes pour beaucoup. En considération de ces sentiments sympathiques, vous voudrez bien excuser les imperfections de mon livre et agréer cette belle devise : *Cor unum et anima una.*

Louise VERGNES-VERNIER.

Ledergues (Aveyron), 30 juillet 1887.

RÉSPECT AUX AUTORITÉS

Je suis le grain de sable, qui vient humblement demander un abri contre les aquilons, près de la montagne de la science. Si on daigne m'accueillir, on sentira que je me suis attachée énergiquement aux racines du plus faible arbuste de notre jardin social : la femme.

Ce sont les fruits de morale, d'affection et d'économie domestiques qu'il faut obtenir de nos enfants, par une culture toute pratique et fort simple.

Ce ne sera pas difficile si les hautes autorités m'accordent leur bienveillance, si le public est sympathique, si les parents sont énergiques et les jeunes personnes de bonne volonté.

Ma profession de foi sera aussi simple que mon ouvrage ; je n'ai qu'une intelligence, qu'un temps, qu'un cœur : ils sont à vous. Je serais heureuse d'ouvrir des cours familiers :

1° Pour les femmes, le soir ;

2° Pour les jeunes personnes, à telle heure du jour indiquée par qui de droit.

Ces conférences gratuites et libres seront la pierre angulaire de la réforme intime qu'il faut opérer au foyer.

La tâche est grande, mais je veux être à la hauteur, et comme l'a dit le proverbe : Quand on veut, on peut.

J'ai pris la liberté de traiter, à la fin de ma première partie, les principales notions d'Economie politique. J'ai voulu simplement établir qu'avec l'Economie domestique elles étaient sœurs jumelles, ayant toutes deux pour père : le raisonnement, et pour mère : la sagesse. Je déclare hautement qu'en France, les femmes, nous ne voulons pas occuper les quatre points cardinaux de la politique, de la science, de l'art et de l'industrie. Fénelon, Mirabeau, Talleyrand, Jules Simon, Compayré ont bien fait de conclure que nous devions rester en dehors des luttes politiques, sociales et scientifiques. Nous le sentons, notre vraie force est au foyer. Aussi, le cri de ralliement : « Israël à vos tentes, la femme doit être égale à l'homme, » jeté en Angleterre par miss Suzanne Anthony, soutenue par la polonaise Ernestine Rose, appuyée par Lucrecia Mott, ne nous plaît pas. Le flux et reflux de la vague peut le porter jusqu'à nous, mais il doit échouer sur la côte, ou s'il en est fait une trace, elle sera empreinte sur le sable des falaises et demain la douce brise l'effacera. Nous demandons seulement avec prière que l'homme soit sensible et nous comprenne. Il faut qu'il se façonne pour cela, non pas aux caprices de la femme, mais aux exigences de la vie domestique, et, puisque nous ne voulons ni ne pouvons arriver jusqu'à lui, qu'il descende jusqu'à nous.

C'est par la connaissance de nos devoirs et de nos misères que l'homme arrivera à nous respecter et à nous aimer assez pour nous rendre heureuse; c'est par la pratique de nos obligations que nous arriverons à le contenter suffisamment pour le rendre heureux à son tour. Ainsi, la pierre de touche n'est pas introuvable. *Eureka ! Eureka !* dirons-nous avec Archimède.

Si quelque bon esprit remarquait une autre synthèse dans cet ouvrage, nous lui serions reconnaissante de vouloir bien en faire l'observation afin que l'édition de luxe que nous désirons faire soit nettement corrigée de toute ombre systématique ou politique.

Quant à l'édition classique, elle sera composée dans les conditions exigées par le programme officiel, avec la suppression nécessaire de certains passages.

Je prie les autorités de recevoir mes intentions respectueuses.

AVANT-PROPOS AU PUBLIC

Nous dirons que, sans omettre dans cet ouvrage aucune des règles suivies jusqu'à ce jour dans l'enseignement de l'Economie domestique, si nécessaire aux jeunes filles de nos écoles, de nos lycées et de nos pensionnats, nous ayons essayé d'en introduire une qui nous a paru avoir été totalement négligée : le sentiment du devoir qui en découle naturellement. Nous avons voulu faire, en un mot, de l'Economie et de la Morale domestiques une science dont les parties soient inséparables.

Si nous avons réussi dans notre tâche, la jeune fille qui lira notre livre passera insensiblement et comme à son insu de la maison d'éducation à la place qu'elle doit ultérieurement occuper dans la famille et dans la société ; pour cela nous avons eu soin d'ébaucher tous les sujets attrayants et nécessaires sur lesquels reposera l'ensemble de ses devoirs et de ses obligations ; puis, nous l'entretenons de l'hygiène générale et de l'hygiène de l'enfant ; nous lui montrons succinctement et aussi complètement que possible les principales règles de la tenue du ménage dans toute bonne maison.

Nous n'avons, en un mot, rien négligé pour faire de notre ouvrage un livre instructif, utile et amusant. Nous avons pour cela employé un style simple, clair, le langage tel que nous le parlons, pour mieux nous faire comprendre. Puissions-nous avoir réussi, et ce sera là notre plus douce récompense !

PREMIÈRE PARTIE

MORALE DOMESTIQUE

MORALE DOMESTIQUE

La maîtresse de maison, c'est la fille, l'épouse, la sœur du maître, ou la gouvernante qui a ordre, capacité, honorabilité pour la remplacer dignement.

Dans les quatre dernières parties de ce livre, nous verrons son rôle matériel au point de vue de l'économie domestique, du confortable et du bien-être de la maison; ici nous analyserons son rôle moral.

Elle est la présidente d'une république où les esprits se lient, se divisent, s'élèvent ou s'abaissent, où le budget se balance, s'enrichit ou se grève, où elle a ses amis et ses ennemis, tout comme dans un grand royaume ou dans une importante province. Elle doit avoir l'œil sur tout ce qui se fait, ayant soin de ne blesser la susceptibilité de personne, surtout les esprits étroits, qui l'accuseraient de despotisme.

C'est avec beaucoup de tact qu'elle parlera, qu'elle agira et qu'elle sera énergique au besoin. Qu'elle se persuade bien que la direction d'un ménage est chose difficile; qu'il faut y réfléchir souvent et combiner toute chose. Lorsqu'elle aura donné des ordres, elle ne doit plus changer d'avis sans raison, si elle veut être obéie avec respect. Elle s'aidera des conseils de son mari, ou prendra l'autorité de la direction si celui-ci est occupé à l'extérieur ou si, par mauvaise volonté, il déserte le foyer ou ses devoirs. La femme, alors surtout, restera attachée au sien, pour conserver sa maison.

POINT ÉCONOMIQUE. — La femme qui aura le caractère juste, réfléchi et énergique, parviendra à préserver sa maison de la ruine qui semble tout envahir de nos jours.

DEVOIRS D'UNE FEMME

> Adore ton Dieu et honore ses lois.
> BOSSUET.
>
> Le salut n'est pas seulement attaché à la cessation du mal; il faut encore y ajouter la pratique du bien.
> FÉNELON.

Quels sont les devoirs d'une femme?

1° Devoirs envers Dieu; 2° devoirs envers elle-même; 3° devoirs envers ses parents; 4° devoirs envers son mari; 5° devoirs envers ses enfants; 6° devoirs envers ses domestiques; 7° devoirs envers ses amis; 8° devoirs envers ses ennemis; 9° devoirs envers les malheureux; 10° devoirs envers le public et le monde.

Pour ses devoirs envers Dieu, nous dirons avec Bossuet, Fénelon, Bernardin de Saint-Pierre, Dupanloup: « *La nature instruit le cœur.* » Puisque tout révèle un Créateur, c'est un devoir de lui rendre hommage et reconnaissance par la prière, par le travail, et enfin par les qualités qui font l'honneur et la supériorité d'une femme en ce monde ainsi que son salut éternel dans l'autre.

Pour remplir dignement ses devoirs envers elle-même et faire le bien, elle conservera la foi, l'espérance, la charité, qui sont les vertus théologales de la religion, l'humilité, la chasteté, l'obéissance, qui sont les vertus fondamentales de la morale. Elle ne prendra que des distractions honnêtes, dans une société sachant la respecter. Ses lectures seront de préférence pour les livres faits par les femmes distinguées de ce siècle, comme : M#me# la comtesse de Flavigny, M#me# Emmeline Raymond, M#me# Louise d'Alq, M#me# Guizot, M#me# Pape-Carpentier, M#me# Millet-Robinet, M#me# Tastu, M#me# d'Aulnet, M#me# de la Jonchère.

Plus tard, lorsqu'elle sera mariée, elle choisira, avec son mari, ses lectures dans les livres faits par les académiciens, ou approuvés par leur compagnie ; bref, c'est en achat de bons et beaux livres qu'elle dépensera l'argent de ses distractions.

Elle aura de l'ordre et de l'économie dans son règlement de vie.

Elle se lèvera d'abord à 7 heures en hiver, à 6 heures en été ; après avoir élevé sa pensée vers Dieu, elle procédera à sa toilette avec discrétion et propreté (Voir Hygiène).

Sa tenue doit être simple et gracieuse ; elle mettra des bas solides et de teinte foncée ; sa chaussure d'intérieur sera résistante sans être lourde ; elle ne doit jamais mettre des souliers éculés, même dans sa chambre.

Ses pantalons, ses jupons, ses corsages seront, en hiver, faits de laine couleur rouge, ou blanche, ou noire, ou bleue. Je distingue ces teintes parce qu'elles sont les plus solides, ce qui fait une grosse économie.

Bien souvent on met de côté certains effets qui n'ont pas d'usure, mais dont la couleur est devenue vilaine ; elle lavera de temps en temps ses jupons et ses corsages, elle peignera ses cheveux dès le matin, ne sortira jamais avec le bonnet de la nuit ou un foulard noué sous le menton, ce qui fait ressembler la femme à la fée *Carabosse*, dont on nous effrayait dans notre jeune temps. Si elle est obligée de se couvrir la tête, dans son intérieur, pour une raison quelconque, elle fera faire une frileuse ou un bonnet en dentelle, en ruban, en laine. Dans le prix de 3 à 5 francs, il se fait des coiffures charmantes à cet usage; mais une femme économe devra les confectionner elle-même de la manière suivante : elle achètera une petite forme en tulle gommé, valant soixante centimes, qui sied bien à sa physionomie. Elle trouvera facilement dans ses tiroirs des garnitures de chapeaux démodés qu'elle remettra à neuf en les détachant et en les repassant; elle lavera dans un demi-verre de vinaigre tout ce qui est en noir; elle détachera dans la benzine ce qui est en couleur; enfin elle mettra son intelligence dans l'agilité de ses doigts pour faire quelque ruche et nœud coquet qu'elle posera sur sa forme; sa coiffure sera relevée si le front est bas; s'il est haut, on fera des bandeaux ondulés ou plats, ou des frisures légères.

Une femme de bon ton ne doit pas user de poudre de riz : ces poudres contiennent souvent du bismuth ou des sels de plomb, elles sont toutes dangereuses; elles dessèchent la peau, en bouchent les pores, en altèrent la fraîcheur et amènent des rides prématurées. Elle n'achètera pas des parfums à odeur forte; on a tort de dépenser là un argent fou. L'extrait d'iris est le seul parfum que je connaisse honnête et doux. Il est moins discret que la violette qui se cache sous la mousse de nos bois et que l'air évapore délicieusement; mais quel chimiste rendra jamais les émanations embaumées qui nous effleurent aux champs! délicieuses senteurs du printemps qu'on rêve de saisir et qu'on voudrait baiser!

Elle ne doit pas se peindre les cils et les sourcils avec des crayons, si la nature ne les lui a pas faits noirs. Il arrive souvent que le noir du crayon est bleui; l'air ou la lumière décomposent encore cette couleur, de telle sorte que la femme qui sort avec les sourcils noirs, des yeux rendus expressifs,

1*

se promène, fait ses visites et rentre chez elle avec les sourcils bleu marin ou vert olive, ce qui donne à toute sa physionomie une expression grotesque et bizarre.

Les personnes qui ont les cheveux trop gras doivent les laver avec de l'eau tiède dans laquelle on ajoute un peu de soude : trois grammes pour un litre d'eau et quelques gouttes d'eau de Cologne. Il faut ensuite essuyer les cheveux et les sécher. Si on perd les cheveux, on usera de la pommade l'*Héliotropine* (1).

Une chevelure blanche sied à la noble figure d'une dame âgée ; il est beaucoup de femmes jeunes qui voient arriver avec chagrin leurs premiers cheveux gris; d'autres qui souffrent de les avoir trop blonds ou trop rouges. C'est un tort ; la Providence et la nature sont toujours dans leurs droits, et on doit s'accommoder des bons ou mauvais dons qu'elles nous ont départis. Du reste, si la femme se farde, ce n'est que dans un but de coquetterie et pour plaire à l'homme ; et les hommes de bon goût abhorrent le fard.

La femme doit plutôt choisir un modèle de coiffure qui s'harmonise avec la disposition des cheveux, et prendre dans les nuances ci-dessous pour ses chapeaux; ainsi les couleurs jaunes, rouge vif, blanches sont pour les brunes; le noir pour les rouges et les blondes ; le vert tendre, le bleu-lilas, le rose pour les blondes au teint délicat.

Les personnes qui veulent être vêtues avec élégance doivent faire attention de ne porter qu'une ou deux couleurs dans le même vêtement ; il n'y a que les taffetas écossais et les étoffes mixtes qui tolèrent plusieurs nuances ; il faut que la coiffure, les gants et la chaussure d'une femme soient d'une grande fraîcheur.

---

(1) Cette pommade médicale, composée par un docteur russe, est à base de ricin et son emploi a pour résultat de réconforter la racine des cheveux.

Le maintien est une chose importante.

La grâce dans le mouvement augmente le charme de toute la personne. Toute manière affectée est ridicule et de mauvais goût ; les mouvements du corps doivent être naturels et faciles.

Elle doit faire ses ongles, se laver à grande eau dès le matin. Enfin, elle terminera sa toilette en mettant une jupe faite avec quatre lés d'étoffe en laine pour l'hiver, en cotonnade pour l'été. Une matinée, pincée ou non, terminer. son vêtement ; elle pourra la nouer à la ceinture avec un nœud coquet de ruban ; la couleur de ce costume d'intérieur doit toujours être distinguée et fraîche. Elle aura soin de l'avoir bien fermé autour du cou, ce qui dispensera des colliers et cravates ; légèrement ouvert aux manches ; ces deux extrémités sont garnies d'une broderie blanche qu'elle changera deux fois par semaine ; cette garniture coûtera peu et sera d'un lavage et d'un repassage faciles. On vend des broderies à cet usage depuis 0 fr. 10 jusqu'à 1 fr. le mètre. Elle pourra faire elle-même cette garniture au crochet. On trouve de jolis dessins, parfois, dans les cartons de ses amies ; on leur demande la permission de les reproduire. C'est un passe-temps agréable qui chasse l'ennui. Il faut échapper à cet ennemi que les Anglais appellent le spleen et qui rend une femme maussade et négligée ; on ne le pourra que si l'on s'occupe de tous les détails de la maison avec ordre et économie.

Dans son intérieur comme à l'extérieur, une femme usera des corsets, pour soutenir la poitrine et la taille ; mais ils doivent être de bonne fabrication, avoir les baleines douces et le busc raisonnablement long. On ne doit pas y être gênées dedans. Souvenons-nous que nous devons laisser au corps la faculté de se développer, si on veut sauvegarder sa santé et convenir. Une taille trop fine fait pitié plutôt que plaisir à voir.

BIJOUX

Doit-elle porter des bijoux ?

Elle peut en porter cinq :

La montre avec une cordelière en soie passée autour du cou, des boucles d'oreilles dites dormeuses, l'épingle assortie, un bracelet porte-bonheur, une bague de fiancée ou d'épouse.

Ces objets seront en or ou en argent, unis et assortis dans les formes, et si elle n'a pas les moyens nécessaires pour avoir ces accessoires en métal précieux, elle ne devra pas en porter du tout. Il n'y a à cela qu'une exception concernant les femmes en deuil, lesquelles devront les mettre en jais mat.

Nous lui recommandons d'opérer elle-même le lever des enfants. Elle procédera comme il est indiqué au chapitre qui regarde l'hygiène. Elle descendra s'assurer si la cuisine est propre et voir si le déjeuner est préparé. Au cas où elle serait obligée de mettre la main à l'œuvre, elle passera un grand tablier avec bavette.

Nous lui conseillons beaucoup la housse anglaise ressemblant à nos peignoirs légers; elle la quittera quand elle sortira de l'office. Ce tablier coûte 5 francs en cotonnade bleue ou en andrinople noir.

VESTIAIRE

Doit-elle charger son vestiaire ?

Je ne le conseille pas. La mode capricieuse fait là un cimetière d'habits. Cependant une tenue convenable demande de quatre à cinq costumes. Il sera facile de les établir de cette façon : elle arrangera, par exemple, le costume de 1885 pour les jours de pluie ; celui de 1886 pour les courses de l'après-dîner ; celui de 1887 sera une robe de cérémonie pour les fêtes et les visites. Dans le courant de ces trois années, elle aura soin de réserver une somme suffisante pour payer un bon costume d'hiver et un costume léger pour l'été, ainsi qu'un cache-poussière d'un beau gris pour cette saison et un manteau d'un beau noir pour l'hiver. Ce dernier sera en bonne étoffe, mais sobre de fourrures et de garnitures. Dans ses visites de bonne année, elle le quittera dans l'antichambre et la femme se présentera au salon dans sa robe de cérémonie. Il faut que la coupe de ses habits soit irréprochable. Elle mettra dans la bonne façon l'argent qu'on met dans les parements à effets.

Dans le vieux Rouergue, on dit :

>Femme qui brille
>N'est pas gentille

A part la bonne tailleuse que je conseille, il faut avoir une petite ouvrière sous la main, pour lui faire utiliser à la maison beaucoup de choses qui peuvent encore servir. On dirige cette ouvrière avec intelligence, et enfin l'habileté de la bonne faiseuse et les combinaisons faites avec la jeune ouvrière permettent à une femme d'être toujours bien mise, ce qui peut exciter quelques jalousies dont elle ne doit pas prendre souci : elles viennent des esprits lourds et mal élevés qui ne peuvent atteindre les mêmes résultats qu'en dépensant un argent inouï.

Ces sortes de femme feraient mieux d'apprendre comment avec peu d'argent on peut avoir un air distingué, dès costumes bien faits, au lieu de faire sur leur voisine, à l'aide de quelque vieille bavarde, une critique injuste qui, répandue dans le public et arrivant aux oreilles d'un mari inexpérimenté, produit la désorganisation de la vie de famille et détruit le bonheur le plus sûr. Avec les étoffes bonnes des habits du mari, elle habillera en partie les enfants. Les draps de bonne qualité peuvent se tourner à l'envers. « Il semble de l'Elbeuf tout neuf, » comme disait le maréchal Lannes, à son père le jour où, encore enfant, il mit sa première culotte. Et si vous avez de vieux habits, que vous ne pourrez utiliser, donnez-les aux pauvres avant qu'ils soient mités.

Point économique. — En faisant ainsi, la femme dépensera relativement peu pour ses toilettes intérieures, et, à l'extérieur, elle sera considérée comme une femme sensée.

DEVOIRS ENVERS LES PARENTS

> Il n'y a sur la terre ni droits, ni devoirs, ni grandeurs, ni autorité comparables aux droits, aux devoirs, à la grandeur, à l'autorité d'un père ou d'une mère.
> DUPANLOUP

Quels sont les devoirs de la femme envers les parents ?

On doit prier pour les parents morts. Il ne faut pas se contenter de réaliser les bonnes espérances qu'ils ont fondées sur nous en restant sages, honnêtes et bonnes ; il faut ajouter dans notre vie un culte toujours durable pour celui qui nous a créées et ceux qui nous ont mis au monde. Dès lors, dans notre pensée, il y aura cette corrélation de la prière à Dieu pour les parents morts.

Il faut croire que nos parents morts nous voient dans nos différentes conditions terrestres, qu'ils s'intéressent à nous. Cet idéal est nécessaire à notre esprit, il est du reste appuyé par les plus grands philosophes et les premiers poètes.

Ainsi, Lamartine dit :

> « Du céleste séjour le regard de leur âme
> » Est un astre toujours sur leurs enfants levé ;
> » Ainsi l'aigle est au ciel et son regard de flamme
> » Veille encor de si haut le nid qu'elle a couvé. »

Alors ils doivent bien souffrir si nous les oublions ! Pourquoi leur donner cette peine.

Ayez cet esprit de famille toute la vie, c'est un devoir. Ce sentiment caractérise les cœurs bien nés. Il sert de gouvernail à travers les écueils de l'existence. Il conduit les heureux au port de la paix et de l'honorabilité, les malheureux au refuge du travail et de l'honneur.

La Mort.

Pourquoi ces pleurs amers quand son âme ravie,
Au céleste séjour de l'ineffable vie
Goûte les voluptés du bonheur éternel,
Que le Christ expirant au sommet du Calvaire
Revendiqua pour nous à son heure dernière,
Payant ainsi d'amour son supplice cruel ?

Non, non; la mort n'est point cet ange aux noires ailes,
Inexorable, impie, aux rigueurs éternelles,
L'ange exterminateur dont l'invisible main
Frappe à la tête, au cœur, le pauvre genre humain,
Semant partout le deuil et partout les alarmes,
Se riant de nos maux, s'abreuvant de nos larmes,
Sourd à la voix d'un fils, d'un père, d'un époux,
D'une mère qui prie et l'implore à genoux !

Elle respecte en nous ce qui fait notre essence
Et ne saurait périr : l'amour, l'intelligence,
Ces nobles attributs de la divinité,
Avec la force unie à l'immortalité,
Purs et brillants flambeaux de vie et de lumière
Où mon cœur se dilate, où ma raison s'éclaire,
Lorsque le doute affreux et la sombre douleur
Assaillent ma pauvre âme aux heures du malheur.

Le malheur n'est-il pas un mal inévitable,
Et de l'humanité une loi immuable ?
Une main dans la main, la Douleur et la Mort,
Ces homicides sœurs, sans pitié, sans remords,
Se mêlent à nos joies, à nos jeux, à nos fêtes,

Pour arracher les fleurs dont nous parons nos têtes.
Et l'or pur et brillant de nos rêves d'amour,
Sous leur souffle empesté se ternit en un jour.

A leur suite le deuil, déroulant ses longs voiles,
Eclipse tour à tour ces brillantes étoiles
Qui nous faisaient un ciel si lumineux, si beau :
Une mère, une épouse, un enfant au berceau,
Une fille adorée, un fils plein de jeunesse,
Tous les bonheurs promis à l'homme en sa vieillesse,
Toutes les émotions d'un légitime orgueil ;
Et l'homme reste seul en face le cercueil !

Ainsi, quand du bonheur nous touchons à la cime,
Le bonheur se dérobe, et s'entr'ouvre l'abîme
Qui nous reçoit meurtris, écrasés, confondus
Au souvenir des biens que nous avons perdus ;
Et notre cœur se tord sous l'horrible morsure
Du désespoir maudit ; parfois même il murmure,
Oubliant que Dieu seul est le maître ici-bas,
Et que tout ce qui vit est livré au trépas.

Heureux qui sait souffrir et voir dans la mort même
La sublime expression de la bonté suprême,
D'un Dieu juste et clément dont l'insondable cœur
Nous ouvre ses trésors d'amour et de douceur ;
Car la tombe est le port du céleste rivage
D'où notre âme immortelle, échappée au naufrage
S'élance radieuse au sein de l'infini,
A la voix du Seigneur trois fois saint et béni.

Si on a le bonheur de posséder ses parents, la femme doit à tous les âges respecter son père et sa mère, leur prouver son affection par des soins, des attentions, un dévouement excessif en cas de maladie. En état de santé, elle restera pour eux le cœur jeune, naïf, expansif qui la caractérisait étant jeune fille. Les parents veulent que nous restions toujours leur petit enfant : c'est leur bonheur, c'est leur droit. Du reste, il n'y a rien de meilleur et qui nous comprenne mieux que nos parents.

Voulez-vous savoir ce qu'ils font ?

Il y avait un pauvre homme qui avait quatre enfants. La misère avait frappé à sa porte et il n'avait pas du pain pour leur donner. Il leur ouvrit ses veines. Il apprit qu'on payait un salaire à ceux qui, dans une école de médecine, allaient se faire saigner par des étudiants qui expérimentaient la transfusion du sang. Il y alla, il tendit ses deux bras; il gagna deux louis et apporta du pain à ses enfants.

Une mère avait son fils et sa fille malades d'une variole des plus intenses ; elle était pauvre et ne pouvait avoir de garde-malade. Pendant tout le temps de leur maladie, elle passa ses jours et ses nuits à veiller ses deux chers malades qui se relevèrent, mais aveugles. Cette mère travailla pour les nourrir; on la voyait, à cinquante ans, faire manœuvre, pour la construction d'une maison qui existe dans un canton du Midi.

Nous avons aussi de bien beaux exemples d'amour filial : Antigone, qui s'attache aux pas de son père aveugle et coupable, et veille sur lui avec tendresse nuit et jour.

Les Grecs, à la prise de Troie, émus du malheureux sort des Troyens, firent publier que tout citoyen libre pouvait emporter avec soi ce qu'il avait de plus précieux. Aussitôt, Énée court à son père Anchise, qui était infirme et cassé de vieillesse, le prend sur ses épaules ; et, suivi de son fils Ascagne, qu'il tenait par la main, et de Creüse, son épouse, il emporte ce précieux fardeau à travers les débris de la ville embrasée. Les Grecs, ravis d'admiration, rendirent à Énée tous ses biens.

Racine nous dit, par la bouche d'Iphigénie, ses plus beaux vers de douce et pieuse obéissance filiale.

Mlle de Sombreuil sauva son père par un dévouement héroïque : en buvant du sang humain que lui présentèrent ses ennemis.

Il faut aimer ses parents autant que ces grands cœurs.

On sait que certains savants ont trouvé dans leur fille une collaboration affectueuse.

Cuvier nous avoue que sa fille a répandu un grand attrait sur son existence.

Plusieurs négociants trouvent encore dans leur fille un concours intelligent; et divers propriétaires sont secondés par elle avec avantage. On connait des familles où il y a plusieurs jeunes filles et où chacune a la charge de faire une semaine de travail culinaire, une semaine de légers travaux d'horticulture, une semaine d'occupations commerciales et une semaine de travaux manuels.

Ce concours matériel laisse aux parents un certain bénéfice, tel que l'économie d'un employé, de journées d'ouvrières; il favorise l'établissement des jeunes personnes qu'on juge bonnes ménagères. On a vu ces mêmes demoiselles répandre dans la maison la vie, la joie et la tendresse la plus délicate. Ainsi, tous les soirs, elles passent à la chambre des parents pour leur souhaiter une bonne nuit; elles ne manquent jamais de souhaiter la fête à leurs auteurs. Quelles émotions pour les uns et les autres dans ces douces fêtes de famille !

Je connais une maison où il y avait quatre filles et deux garçons élevés ainsi. C'était la fête de la Saint-Jean, la fête du bon père. La mère avait déjà ordonné un repas fin; les demoiselles, après avoir ravagé le jardin, se cachaient dans leur chambrette, en portant profusion de verdure, de fleurs, de rubans faveur et de papier dentelé. Les garçons s'isolaient pour faire une pièce de vers alexandrins ou un compliment magnifique. Le digne homme rentrait, remarquant un air de fête dans toute la maison et il souriait à chacun comme un roi bien-aimé et heureux. On se mettait à table, l'heure du dessert attendue impatiemment arrivait; sans préparation, un silence solennel s'établissait et le Benjamin de la famille offrait, avec le bouquet, les expressions de tendresse et de reconnaissance filiale que chacun scellait d'un baiser. Le père pleurait de bonheur. Il écrivait le lendemain à son ami le plus intime : « Hier, comme les autres années, mes enfants formaient une belle couronne autour de moi et de leur mère. Après le plus affectueux compliment, chacun me donnait à son tour la plus belle fleur d'amour reconnaissant que pouvait porter son cœur, le baiser ! ! »

Oh ! le baiser de l'enfant à son père et à sa mère ! Qu'il est suave, qu'il est noble pour eux ; qu'il est doux, qu'il est délicat pour nous ! Et pour les vieux parents, qu'il doit être bon aussi ! Alors que tout semble les fuir, les ris et les caresses, le baiser du petit-fils devenu homme les rend fiers ; le baiser de la petite-fille, déjà femme, les attendrit ; le baiser de l'enfant naïf les réjouit. Voyez comme ils se baissent péniblement pour le recevoir et comme leur figure est rayonnante lorsqu'ils se relèvent ! C'est que ces émotions sacrées remuent, au fond de leur âme, tous les frémissements affectueux de leur âge d'or. Ah ! donnez, donnez aux vieux parents cette preuve d'amour et de respect ! Que vos baisers soient leurs dernières rêveries ; ils quitteront la terre comme dans un doux songe et vous serez bénis !

POINT ÉCONOMIQUE DE L'AMOUR FILIAL. — Vivre avec ses parents, n'ayant qu'un même loyer, un même feu et une même table. Persuadons-nous pour cela que les parents seuls sont capables de se dévouer, de nous aider, et nous resterons avec eux par esprit d'intérêt. Mais il sera plus beau de les aimer par respect et par reconnaissance : c'est là le véritable amour filial.

DEVOIR FRATERNEL

> Les frères vivront en bonne intelligence
> pour obéir aux préceptes du Seigneur.
> MASSILLON.

Qu'est-ce que l'affection fraternelle ?

L'affection fraternelle est un grand devoir. Les frères, les sœurs doivent être unis comme plusieurs fils partant du même écheveau, et que pour rendre plus forts on tord ensemble. Alors rien ne brise ce câble d'amitié, ni l'ennemi, ni l'infortune, ni la mort.

On est là toujours : l'un vers l'autre pour se soutenir, s'aider et traverser les épreuves de l'existence.

Deux frères avaient un champ ; ils le partagèrent par égales parts, le moissonnèrent à la fois et firent un joli tas de gerbes, chacun au milieu de sa propriété. L'un des frères était marié, l'autre seul. Ce dernier s'éveille une nuit et dit : « Albert a une femme à nourrir, il n'est pas juste qu'il n'ait pas plus de grain que moi. » Il va quérir trois gerbes à son tas et les porte au tas de son frère.

L'aîné se réveilla quelques heures après de cette même nuit et pensa : « Ton frère est jeune, sans compagne ; pour le consoler de sa journée fatigante, il faut le dédommager par un peu de richesse. » Il se leva et alla déposer trois gerbes de son tas à celui du frère. Le lendemain, visitant leur récolte, ils furent étonnés de trouver chacun la même élévation du tas, ils gardèrent le silence. Or, la nuit suivante, ils procédèrent également, mais ils se rencontrèrent en route, chacun chargé de son fardeau. Ils déposèrent les gerbes, tombèrent dans les bras l'un de l'autre et pleurèrent d'amour fraternel. Le lendemain, ils trouvèrent encore meilleur de réunir leurs gerbes et de n'avoir qu'un seul feu et une seule table.

POINT ÉCONOMIQUE. — La famille qui possède la solidarité fraternelle résiste aux épreuves de l'infortune. Elle jouit d'une confiance et d'un crédit absolus.

DEVOIRS D'UNE FEMME

Envers son Mari.

> Que votre maison apprenne par votre exemple que l'honneur est dû au maître.
> Paulin de Nole.

L'amour qu'une femme doit à son mari sera unique, c'est-à-dire que nulle pensée intime ne devra se porter ailleurs.

C'est à cet homme seul qu'elle demandera la tendresse, la force et l'appui dont elle a besoin ; qu'elle confiera ses joies, ses peines, ses projets. Cette franchise lui gardera le cœur de son mari. Elle doit participer à son travail si elle le peut, à ses soucis, s'il les lui dit; essayer de les alléger en relevant son courage et en se dévouant à sa cause avec toute l'énergie de son caractère.

On doit se surveiller dès les premiers temps de son mariage. Sachez que dans les meilleures têtes logent parfois les exigences les moins raisonnables. Ce travers apparaîtra un jour ou l'autre dans le ménage, soit qu'il vienne de la part de l'époux, soit qu'il vienne de votre part. Alors celui qui s'emportera le dernier sera le fou. Mutuellement on se jettera à la face des paroles de mépris, tandis qu'on a le plus grand fonds de dignité et d'honnêteté morale dans le cœur, une somme d'intelligence et d'instruction solide dans la tête. Ces fautes, seuls les enfants pourraient les commettre. Laissez passer l'orage : celui qui l'aura provoqué s'adoucira et finira par se rendre en voyant votre calme, il se relèvera dépouillé de tout ce qui n'est pas lui, redeviendra tendre et raisonnable, ce qu'il a eu l'étrange fantaisie de ne pas paraitre. C'est alors que la femme qui a conservé une humeur égale, de la tenue, de la régularité deviendra supérieure à l'homme qui a voulu tout briser, tout abandonner, tout dissoudre, même les liens sacrés de son union. Ne boudez jamais : il est plus doux de se rapprocher et de se pardonner que de tenir rigueur.

A la première lueur de paix, redevenez vite douces, aimables, complaisantes, ne reparlez jamais du motif de brouille, ce qui soulèverait une nouvelle querelle. Enfin, habillez-vous gracieusement mais avec simplicité, dans le seul but de plaire à votre époux. On ne doit pas le lui faire comprendre ouvertement. On le laisse deviner en le consultant discrètement et en prenant ses goûts, soit pour les formes, soit pour les nuances. On doit aussi désirer de lui un tenue propre et une politesse familière dans tous ses procédés ; on sera la première à donner l'exemple. On doit, il faut éviter dans ses pensées, dans ses paroles et dans ses actes, d'exciter la jalousie. C'est un mal qui ronge le cœur et fait le malheur et la honte de la famille. Celui qui en est atteint et ne sait pas résister, finira par le désespoir, ou il vivra malheureux, voyant tout en mal au prisme de ses soupçons. Ayez confiance en votre époux et réciproquement.

Saint-Louis avait fait graver sur son anneau royal: *Dieu, la France et Marguerite* ; son épouse avait mis: *Dieu, Louis et la France*. Voilà nos modèles.

La femme ne doit pas oublier que l'homme, par nécessité, est souvent obligé de vivre hors des siens, il succombe sous le poids de la vie ; la lutte extérieure est pour lui un point d'interrogation permanent. Aussi, lorsqu'il rentre sans en avoir la solution, il paraît noir, bourru, méchant. Alors surtout, soyez bonne pour lui, donnez-lui des soins, effacez-vous même complètement s'il le faut, autrement, vous provoquerez une sourde et violente colère, dont les conséquences sont toujours redoutables. Prenons pour exemple un bel attelage de petits chevaux anglais ou arabes. Ils moissonnent en plein champ ; des ronces arrêtent la machine ; l'un des sujets, fatigué, veut aller hors du sillon, à droite ; l'autre, veut aller à gauche ou en avant. Le plus fort brise le collier et le voilà parti, sautant, gambadant en plein champ, foulant aux pieds les marguerites virginales des prés ; il arrive ainsi au bord d'un précipice, heureux s'il ne s'y jette pas. Admettez que l'autre compagnon en fasse autant : c'est la ruine. La moissonneuse se rouille, se démolit sur place et toute la récolte périt. Quand on est deux à mener la même vie, il ne faut tirer l'un plus vite que l'autre ; il faut s'aider dans le travail, partager plaisir et peine, s'encourager mutuellement, se distraire le plus possible ensemble et pour ne pas se causer du chagrin ou du mal, chacun doit réciproquement respecter le caractère de l'autre. Ce n'est que dans cet accord constant, dans cette harmonie essentielle, que vous trouverez la paix et la satisfaction.

S'il n'existait pas cette douce amitié qui est une des premières conditions du bonheur dans le mariage, l'épouse doit se résigner à cacher ses peines au public, ne jamais parler mal de son mari à ses propres amies qui, ne le connaissant pas, seraient vite portées à le mal juger. Cependant, comme la souffrance a besoin d'une consolation, elle choisira, parmi les vieux amis de la maison, une personne de haute intelligence et de bon cœur pour se confier ; celle-là ne la perdra pas en lui montrant la situation encore plus mauvaise qu'elle ne l'est en effet, et en rabaissant son mari. Au contraire, elle sera indulgente

2

pour ce dernier, elle conseillera de respecter et d'aimer au fond de son cœur celui dont elle a accepté le nom et qu'elle a choisi pour être le père de ses enfants.

Si une femme se trompe et porte à d'autres ses ennuis, il peut en résulter la ruine de son bonheur et de sa maison. Gardez vos petites misères ; elles s'élargissent, se creusent et font un gouffre si elles sont mal comprises. Il faut rester bonnes et fortes, et si après avoir donné tout ce qu'on a de bon à un mari, on reste sans prix à ses yeux, retirez-vous dans le travail et la philosophie énergique. Bientôt on ne souffre que comme les amputés de Sedan ou de Sébastopol, on a le mérite et la fierté d'un soldat blessé à la bataille de la vie, on est de véritables héroïnes de l'amour conjugal, on reçoit de toutes parts des marques d'amitié, d'estime et de sympathie, qui vous font vivre.

Au point de vue matériel, on soignera son mari avec dévoûment, surtout s'il est malade ; on rangera ses effets et son linge, de telle manière que celui-ci, en état de santé, puisse l'avoir à sa disposition facilement, c'est-à-dire qu'il ne soit pas obligé de soulever toute la maisonnée pour trouver ses chemises, ses mouchoirs, ses chaussettes ou ses habits propres. Si on le fait attendre ou si on l'oblige à chercher dans les divers tiroirs de l'appartement, il se mettra de mauvaise humeur, peut-être pour fort longtemps, et vous serez à ses yeux la femme la plus imparfaite qui existe, alors même que tout le reste marcherait fort bien ; oui, les hommes sont difficiles. Sachons-le, pour mieux veiller à tout ce qu'il leur faut.

Le Jugement du Diable.

Vous connaissez la forêt Noire :
C'est là qu'un soir un bruit de voix,
S'il faut en croire cette histoire,
Fit retentir l'écho des bois.
Mais d'où venait tout ce tapage ?
D'une querelle de ménage,
Sous le toit d'un charbonnier.
A la lueur de son brasier,
Le cher époux criait très fort :
« Vous avez tort, vous avez tort ! »
La femme aussi criait bien fort :
« Je n'ai pas tort, je n'ai pas tort ! »
On ne sait trop au juste encor
Lequel des deux criait plus fort.

Mais tout à coup de la fournaise
Sort un monsieur tout noir aussi,
Encor plus noir, ne vous déplaise
Que la forêt et le mari.
Et ce monsieur, c'était le diable :
« Bonjour », dit-il d'un air aimable,
« Se disputer est immoral ;
« Parlez, je suis impartial. »
« — Monsieur, ma femme est un démon ;
Elle a raison, toujours raison,
C'est un enfer que ma maison,
Elle a raison, toujours raison,
Elle est coquette, elle a raison,
Elle a raison, cent fois raison. » —

« — Monsieur Satan, reprend la femme,
Il est trop vieux, c'est mal d'abord ;
Puis il est laid, mais c'est infâme :
Il est jaloux ; donc, il a tort. »

« — Ah! dit l'époux, Dieu me pardonne!
Si vous croyez qu'elle est si bonne,
Après tout, dame! la voilà,
Monsieur le diable, emportez-la. » —
« — Y penses-tu, moi la punir
Pour ton plaisir, pour ton plaisir ;
Je te condamne à la garder
Pour t'amender, pour t'amender. »
Et, là-dessus, dans le charbon
Maître Satan ne fit qu'un bond.

Cette légende d'âge en âge,
Heureux époux, doit vous guider,
Car elle prouve qu'en ménage
Le mari doit toujours céder...
Oui, le mari doit toujours céder.
V. H.

Point économique. — L'affection conjugale remplace toutes les autres distractions coûteuses. On l'obtient par des concessions mutuelles.

La vie de famille et du foyer sont les seules qui font prospérer une maison.

DEVOIRS D'UNE FEMME ENVERS SES ENFANTS

LA MÈRE

> Le cœur d'une mère doit être pour l'enfant un *océan* de tendresse, un *trésor* de force, un *abîme* de raison.
> Louise VERGNES.

Le dévouement que l'on porte à ses enfants ne s'apprend pas. Dieu, en créant la femme et en la faisant mère, mit dans son cœur toute l'intelligence et toute la tendresse dont ce petit être avait besoin.

Dans l'ordre de la nature entière, la maternité morale fut créée avant même la maternité physique. L'oiseau prépare son nid dès les premiers jours du printemps, le place là où ses petits seront à l'abri de tout danger, dans un pays où sa nourriture se trouve le plus facilement.

Aussi le poëte dit :

> Pour faire un petit nid de mousse,
> L'oiseau butine tous les jours ;
> Il faut de la plume bien douce,
> Beaucoup de soin, beaucoup d'amour.

Il ne chante les habitants du nid qu'au second ordre. S'il y a des mauvaises mères, c'est une aberration de la nature; elles sont en si petit nombre, qu'on ne peut y croire.

Cependant nos chroniques relèvent parfois des faits révoltants que je n'ose dire. S'ils sont vrais, la protection des enfants sera étendue. Nous verrons bientôt fleurir une œuvre bienfaisante qui donnera à la faiblesse et à l'innocence un secours matériel et un appui moral. La France possède des femmes qui ont le cœur doublement maternel et qui sauront, à l'heure voulue, se dévouer et aimer avec leur fils légitime, l'enfant adoptif, qu'elles enlèveront à la brutalité de certains caractères :

Pauvres petits naufragés de l'affection de famille, vous viendrez à nous ; dans un repli de notre cœur, nous garderons pour votre besoin, les paroles qui donnent la force ; dans un coin de notre secrétaire, nous vous réserverons la pièce de 50 cent., qui vous fait tant de plaisir, lorsque petite mère vous la donne pour acheter le cahier où vous commencez à écrire *en fine ;* et dans notre vestiaire nous trouverons de quoi vous faire propres et gentils, afin que tout le monde puisse vous donner un baiser.

Partout on devrait voir la mère et ses enfants comme on voit l'arbre et ses rameaux. Je ne puis trouver une plus belle allégorie. Le rameau puise sa sève dans le tronc dès sa naissance il s'allonge, pousse à son tour des feuilles, des fleurs et des fruits. L'enfant fait la même chose, il puise dans sa mère tout ce qui le fait noble et fort. Toutes les mères peuvent donner cela à leurs enfants, si elles en prennent la peine, si elles comprennent bien leurs devoirs. Après qu'elles auront eu soin de préparer le berceau ainsi qu'il suit dans ce chapitre, qu'elles auront eu le bonheur d'y déposer l'enfant de leur affection, il faut qu'elles commencent à l'alimenter.

La mère nourrira l'enfant de son lait.

Au point de vue moral, pour l'enfant, il est dit qu'on boit avec le lait les vertus ou les vices. Il vaut mieux que l'enfant prenne les qualités ou les défauts de ses parents que ceux des étrangers. Pour la mère, si elle nourrit, elle monte sur le piédestal de dignité et de morale que Dieu et la société lui marquent. Celles qui éludent les charges de la maternité ont grand tort : elles perdent leur autorité près du Créateur, leur prestige près de leur mari, souvent près du public, parce que, pour alimenter leur activité physique ou morale, elles s'occupent des futilités de la mode et de la galanterie; heureuses si elles ne tombent pas dans les névroses hystériques.

César reprochait aux femmes de soigner et de porter sur leur bras des chiens, des chats, tandis qu'elles faisaient porter leur enfant par des nourrices mercenaires.

Celle qui nourrit, dit encore un adage latin, est plus mère que celle qui met l'enfant au monde.

Plutarque dit aussi, en parlant de Caton le censeur: « L'affaire la plus pressée pour lui, à moins qu'elle ne regardât la république, était d'aller auprès de sa femme lorsqu'elle soignait ou nourrissait son enfant. »

Blanche de Castille était si jalouse d'allaiter son enfant, qu'il arriva ce fait: Elle était malade, son petit Louis criait. Une dame du palais le prit, lui donna de son lait et le rapporta près de la mère, qui, malgré la souffrance, voulut remplir son office de nourrice à l'heure venue. L'enfant tourna la tête et ne voulut rien prendre. Alors la reine comprit ce qui était arrivé, elle fit entrer de force son doigt dans la bouche de l'enfant afin de provoquer le vomissement du lait qu'il avait pris ailleurs et dit: « Je ne puis endurer qu'une autre femme, serait-elle reine de Saba, ait le droit de me disputer la qualité de mère. »

Toute la nature trace ce devoir. Ecoutez les descriptions suivantes :

Maman c'est la musique du bon Dieu que ces uï uï uï qui

viennent des branches ? disait Toto à sa mère, l'un de ces derniers matins. Mon enfant, lui répondit cette dernière, ce sont des petits oiseaux qui prennent leur becquée. Approchons-nous doucement. Et sous la touffe de folle avoine qui se balançait gracieuse, près d'un églantier effeuillé par la bise de juin, ils virent le nid.

Cinq petits sans plume étaient blottis tout au fond, dans l'ombre; on ne voyait que leur grand bec jaune ouvert du côté où la mère, charmante mésange qui penchait la tête et battait de l'aile, faisait manger le dernier né de la bande.

Puis elle partit, vola vers le plateau qui domine le Giffou. Pendant ce temps, l'enfant tout pensif et la mère toute rêveuse choisirent un endroit ombré d'où on pourrait voir le repas de la famille ailée. Cinq fois la mésange revient sur la montagne et rentre au nid ; à chaque retour, les plumes de sa jolie queue tombaient comme si le vent les avait coupées. Pauvre mignonne bête, comme elle était fatiguée, malgré que l'oiseau compagnon lui dit ses notes de tendresse pour l'encourager, là, tout près, sur le rameau d'églantine. Et la mère de l'enfant pensait que si elle avait une famille aussi nombreuse, elle aussi aurait le courage de se fatiguer pour la nourrir, tant cet exemple l'avait touchée. Mais, tout à côté, on entendit glapir quelque chose. Toto y courut. Il jette un cri de joie. C'était un nid de lapins sous un genêt fleuri ; la hase venait de les quitter, leur museau rose était mouillé de lait et tous reposaient luisants, dodus, immobiles comme les jolies petites bêtes que les marchands de jouets mettent dans la mousse à leur vitrine, la veille du jour de l'an. Enfin, dans la prairie, la brebis et son agneau, la vache et son produit, la jument et son poulain, la meunière et son enfant jouaient : à maman et bébé.

Tout semblait dire : les mères, les vraies mères, ce sont

elles ! Oui, le ruisseau le murmurait, le rossignol le chantait, l'herbe le bruissait. Il semblait que les paroles de Marc Aurèle résonnaient dans la vallée comme un cor de rappel ou un hallali vainqueur. « La mère n'est entièrement mère que lorsqu'elle a enfanté et nourri son enfant ! » Tandis que les conseils de l'Armande des *Femmes savantes* étaient rappelés par le chant de la cigale... Laissons au vulgaire ces sortes d'affaires.

. . . .

Si nous nous permettons de traiter pratiquement ce sujet, c'est afin que celles qui devront donner leur fils ou leur fille en nourrice pèsent deux fois leur détermination. D'abord le choix d'une nourrice est plus grave qu'on ne pense. On doit toujours soumettre la personne à un examen médical, exiger un livret spécial établissant son identité, sa moralité et recevant, au besoin, la note du comité de surveillance des enfants du premier âge, établi depuis quelques années presque partout (1). On s'assurera que la nourrice ne se ménage pas en donnant des soupes et des féculents à son nourrisson. Dans le chapitre de l'Economie domestique (hygiène), nous faisons connaître l'inconvénient de ce dernier régime. Que l'enfant soit tenu proprement dans son corps et dans ses langes. « La nourrice doit être suivie pas à pas, dit Lorrain, elle trompe sur son âge, sur l'âge de son lait, sur sa provenance. » Elles arrivent à Paris disant qu'elles sont de Bourgogne, en province disant qu'elles sont de Bretagne. Musisthée de Cysique exige qu'elles aient de « bonnes références, de belles dents, des gencives roses, des cheveux bruns ou noirs, âgées de 25 à 30 ans, sobres, intelligentes, enjouées, les veines bleuâtres. » Ces indications ne sont que présomptives. Le vrai moyen de s'assurer des bonnes qualités d'une nourrice, c'est de peser

---

(1) Loi Roussel, 3 décembre 1874.

l'enfant avant et après son repas. Il doit prendre 60 à 70 grammes de lait.

La chose est si difficile, si délicate, mères, qu'il faut soigner votre enfant jour et nuit, le garder près de votre lit. Il est dit, dans les ouvrages d'agriculture que, chez les Anglais, la brebis et son agneau passent dehors les nuits d'hiver comme celles d'été ; on n'a pas de bergerie, si ce n'est pour les fourrages. La divine Providence, qui veille sur toutes ses créatures, s'empresse de rendre la laine du mouton plus épaisse, à mesure que cet animal se trouve plus exposé à l'intempérie des saisons; et pour cette raison, le mouton qui couche dehors donne une fois plus de laine que celui qui est abrité la nuit dans une bergerie.

Aussi, à la mère qui viendra dire qu'elle n'a pas assez de santé pour garder son enfant, on répondra : « Faites votre devoir, d'abord, la Providence fera le sien ensuite, en vous donnant, comme à la brebis, provision de tout ce qu'il faut. »

Laurent Joubert nous dit que le médecin d'Henri III a fait un gracieux tableau de la nourrice et de son bébé; il a dépeint en termes fort doux les risettes gracieuses que fait l'enfant à sa petite *Nounou*. Il dit : « L'enfant est magnifique lorsqu'il rue
« coup de pieds à ceux qui le veulent détourner et en un même
« instant jette de ses yeux jolits mille petits ris et œillades.
« Quel plaisir est-ce de le voir parfois despiteux et fasché d'un
« rien? Quel plaisir est-ce de le raisonner et d'entendre les folies
« qu'on dit et les badineries qu'on fait? N'y a-t-il pas plaisir et
« passe temps quand ils ne veulent quitter leur nourrice et ne
« veulent aller à une autre personne, quelque présent ou flate-
« rie qu'on leur sçache faire. Quand ils ne veulent permettre
« que leur nourrice caresse en leur présence un autre enfant.
« Cette grande amour joincte à jalousie est si plaisante et
« agréable, qu'elle doit ravir le cœur d'une mère, si elle est

« de bon naturel humain, tellement qu'elle n'aime plus
« rien... »

Aussi, je n'ai jamais compris qu'une mère donne aussi légèrement le dernier sourire de son fils, le soir, à une étrangère, ainsi que le premier regard de l'enfant au réveil. Elle se prive d'un bonheur inexprimable qu'elle seule peut comprendre et recueillir au fond du cœur, comme dans un calice d'or. Combien de fois plus tard, dans la vie, soit qu'elle vive heureuse, soit qu'elle souffre, elle remontera vers le berceau de son fils et de sa fille adorés ! Combien de fois, en esprit, elle s'arrêtera encore là, haletante et penchée, devant cette bouche mignonne qu'elle a si souvent remplie de son lait, devant ces yeux innocents où elle voyait les siens, devant ces petites mains roses qui se tendaient à elle seule et lui témoignaient un premier désir, un tendre appel; devant ces formes potelées qu'elle admirait, ces pieds charmants et si petits qu'elle pouvait les cacher dans le creux de sa main pour les baiser.

Elle restera là, étonnée et ravie des doux tressaillements de la maternité. Ce sera le Thabor où elle oubliera ses peines, l'oasis où elle se reposera. Ah ! non, une mère ne peut oublier, ni ignorer ces souvenirs; elle ne les aura siens que si elle allaite, si elle garde toujours avec elle l'enfant de son cœur, l'enfant de sa chair.

> Ah ! dites de ma part à votre aimable femme,
> Que partout, en tout temps, en tout lieu on proclame
> La supériorité de la mère allaitant,
> Ainsi que Dieu le veut, son trésor, son enfant.
>
> Et combien il est doux pour le cœur de l'épouse
> De presser sur son sein le fruit de son amour,
> D'enlacer de ses bras, et la nuit et le jour,
> L'image de l'époux dont elle est si jalouse.
>
> Dr BESSIÈRES

Point économique. — Une nourrice coûte 40 à 60 fr. par mois; les cadeaux divers, les voyages pour voir l'enfant valent 200 fr. par an. Si la mère nourrit son enfant il y aura une somme de 600 à 1,000 fr. en moins au budget du passif.

CHARGES D'UNE MÈRE

Une mère doit veiller à la propreté du corps de son enfant, à sa complète alimentation (voir l'Hygiène) et surveiller son développement physique et moral. A mesure que l'enfant grandira, elle doit lui apprendre à parler, plus tard à comprendre, enfin à raisonner et à agir.

Il faut beaucoup de patience. On entend tous les jours des mères qui disent : « Mon enfant est vilain ; il me tarde de m'en débarrasser ; je vais le mettre au collège, on en fera ce qu'on voudra. » Ecoutez cette fable de Fénelon : « Une ourse avait un petit ours qui venait de naitre. Il était horriblement laid. On ne reconnaissait en lui aucune trace d'animal : l'ourse, toute honteuse d'avoir un tels fils, va trouver sa voisine la Corneille, qui faisait grand bruit par son caquet sur un arbre. Que ferai-je, lui dit-elle, ma bonne commère, de ce petit monstre? J'ai envie de l'étrangler. — Gardez-vous en bien, dit la causeuse; j'ai vu d'autres ourses dans le même embarras que vous. Allez, léchez doucement votre fils, il sera bientôt joli, mignon et propre à vous faire honneur. » La mère crut facilement ce qu'on lui disait en faveur de son fils. Elle eut la patience de le lécher longtemps. Enfin il commença à être moins difforme, et l'ourse s'empressa d'aller remercier la Corneille en ces termes : « Si vous n'eussiez modéré mon impatience, j'aurais cruellement déchiré mon fils, qui fait maintenant tout le plaisir de ma vie. »

Mère, dirigez, avant nul autre, par la bonté et la patience, le premier jugement de votre enfant. Parlez-lui toujours droit et net, et, lorsqu'il aura 5 ou 6 ans, faites-lui sentir que vous avez sur lui l'avantage de cinq autorités que le père possède au même titre :

1° L'autorité de l'affection ;

2° L'autorité du raisonnement ;

3° L'autorité de la dignité ;

4° L'autorité de la fermeté ;

5° L'autorité de la franchise.

Son petit cerveau sera frappé, il arrivera seul à penser que les parents sont forts et bons.

Il obéira, soumis à cette supériorité qui s'impose. S'il avait déjà mal versé, il le sentirait, il en rougirait ; alors il est sauvé et il devient bon caractère ; si vous ne vous efforcez pas à lui inspirer ce respect, vous en ferez un esprit capricieux, entêté, gâté.

Enseignez-lui la valeur des choses, le prix de l'argent, il faut lui donner quelquefois de petites étrennes, en lui expliquant que, dans un mois de temps, s'il conserve soigneusement son argent, vous lui donnerez cinq centimes d'intérêt par franc. Je connais une famille où le père était heureux d'être le banquier de ses enfants. Ils étaient six et, à chaque premier de l'an, ils lui donnaient leur petite bourse ; le père comptait les étrennes et leur délivrait, en échange, un billet en règle comme dans le commerce, dont l'échéance était de deux mois en deux mois. Ce qui faisait que chaque enfant était occupé de son petit avoir et en causait avec ses frères comme d'une grosse opération. Toute l'année ils étaient sur le qui-vive de leur terme, dont le capital était doublé par la bonté du père. Alors on achetait un beau livre, une cage, un ménage monté, une poupée mécanique, et tout le monde s'amusait, même les grands-parents, tant le plaisir des enfants leur causait de joie. Une année, l'aîné eut la fantaisie d'acheter un troupeau de canards à peine éclos, ils coûtaient 1 franc la pièce. Le blé du père les nourrit pendant trois mois, ils étaient devenus gros, le bec rouge, les plumes belles ; l'enfant voulait les revendre pour faire un beau louis. La mère proposa de les acheter au cours du pays ; on les mit donc à la foire, ils eurent des chalands qui ne voulurent en donner que 2 fr. 50 de la paire. On les avait soignés trois mois à 0 fr. 25 chacun. Ne faites donc pas de spéculation s des canards que vous ne faites pas éclore vous-même. Avec une telle leçon, on n'aimera pas à mettre tout son argent dans de fausses opérations ; d'instinct on s'éloignera de tout commerce qui n'est pas sûr ; c'est la meilleure des sauvegardes pécuniaires.

Punissez l'enfant dans ses torts, en lui enlevant, durant quelques heures, ce qu'il aime le plus, jamais par des coups. Ne vantez jamais ses qualités devant lui ; il deviendrait orgueilleux, bientôt despote pour ses petits amis, pour les domestiques de la maison et pour vous-même ; ne lui donnez qu'un seul mérite ouvertement, celui de son honnêteté et de son honorabilité. L'homme est ainsi fait : s'il est persuadé qu'il est honnête homme, il le reste ou il le redevient s'il fait une erreur.

Si par surprise on faisait une faute, on se garderait bien de retomber ; on effacerait même tout souvenir comme un point noir qu'on aurait sur la joue.

Donnons donc à l'enfant l'estime de nous autres, ensuite l'estime de lui-même et l'estime du devoir. Alors il sera bon fils, bon soldat, et bon père à son tour ; la fille sera pénétrée de cette excellente éducation qu'elle aura reçue, elle la fera passer dans la famille qu'elle créera. Le grand Napoléon et

Mme Campan tressailleront dans leur tombe en répétant ces mots : « Oui, il manquait des mères ; mais aujourd'hui, les voilà. Honneur à la France du dix-neuvième siècle ! »

A mon Berceau.

Voici venir le jour de joie et de douleur
Où je te confierai le trésor de mon cœur,
Gentil berceau, caché sous des flots de dentelles,
Symbole radieux des amours éternelles,
Dont le lien si doux unit étroitement
Et l'enfant à la mère, et la mère à l'enfant.
Qu'il vive pour m'aimer, cet enfant frais et rose,
Comme la fleur de mai sous le bleu ciel éclose !
Que l'époux de mon choix me garde son serment !
Son amour s'est fait chair dans cet être charmant
Qui, par lui, vit en moi, m'enivre de sa vie,
Tient mon âme en extase, étonnée et ravie
Des doux tressaillements de la maternité,
Dont le sein d'une mère est sans cesse agité.
Avril, avril approche et mon sein va s'ouvrir,
Cueillons à pleines mains des fleurs pour t'en couvrir,
Nid d'amour, doux trésor d'honneur et de vaillance
Que réchauffe la foi, que berce l'espérance ;
Car mon fils sera beau, courageux, noble et fort.
Tel l'époux bien-aimé qui dans mes bras s'endort.
Dieu ! dont l'amour suprême égale la puissance,
Je te dois mon époux, l'enfant dont la naissance
Va me ravir de joie et combler tous mes vœux :
Que béni soit ton nom et que du haut des cieux
Les anges au front pur et la Vierge adorable
Jettent sur ce berceau leur regard favorable !
Veillez sur mon enfant, ô cœurs pleins de bonté,
Ecartez de ses pas la dure adversité.

Et que, si du malheur il connaît les alarmes,
Dans un calice d'or, Vierge, cueille ses larmes.
Pour en former un jour son diadème au ciel !
Ave maris stella ! tour d'ivoire et de miel !

R

LE BERCEAU

La composition d'un berceau devient une dépense énorme dans un ménage, si on veut le parer comme l'autel de l'innocence filiale ou de l'amour maternel.

Alors la femme se laisse entraîner par l'idéal le plus exquis ; elle cherche la dentelle la plus fine, la mousseline la plus légère, le satin le plus merveilleux, la toile la plus douce.

Dans son imagination admirative, la mère déroule, mêle, entrelace les tissus, les couleurs, les reflets ; elle façonne un lit moelleux, ravissant, coquet, où six mois avant l'arrivée du chérubin, elle croit déposer l'enfant frais et rose comme un bouton d'églantier. C'est une fleur à peine éclose cachée, perdue, égarée par elle dans les méandres de l'étoffe vaporeuse, dans les doux enfoncements du petit oreiller brodé ou dans les replis ondoyants des jolies couvertures de soie blanche et de satinette bleue. Oh ! la mère dans sa première phase, qu'elle est capricieuse ou folle de tendresse ! Elle voudrait, parfois, courir dans la montagne pour cueillir à pleines mains de la mousse et des fleurs dont elle couvrirait le berceau ! Elle voudrait voler aux cieux le plus beau des nuages, pour balancer son fils au-dessus, appeler tous les anges du paradis pour l'endormir dans un harmonieux concert. C'est là peut-être l'expression vague de ses craintes. Ne voudrait-elle pas aussi le placer haut pour l'enlever aux vicissitudes de l'existence, à ce malheureux terre-à-terre qui blesse et fait saigner nos pieds ?

Enfin, l'enfant arrive. Dans cette seconde phase, elle ne

s'exalte plus ; elle s'étonne, elle sourit, surtout lorsqu'elle entend tout le monde s'occuper d'elle et de son fils. C'est le beau-père qui arrive rajeuni et dit tout ému en entendant crier : « Petit, ne pleure pas si fort ; je vais te consoler. » La belle-mère murmure avec effroi : « Mon Dieu, Jean ! tu vas laisser tomber notre bijou de bébé. » L'oncle Albert ouvre fièrement la porte de la chambre où reposent l'enfant et la mère et entre en disant : « Enfin, j'ai un neveu ; nous en ferons un soldat. » La tante Sophie répond avec une moue gracieuse : « Je voulais une nièce, je l'aurais appelée comme ma cousine : Marie-Louise ; ensemble nous lui aurions fait de jolis petits chaussons, de mignonnes dentelles. Pour un garçon, je ne ferai rien. » Le parrain et la marraine délibèrent sur la cérémonie entre les rideaux de la croisée. Arrive Madame Fleury. Elle semble ravie, en extase, lève les yeux au ciel pour exprimer qu'il est blanc comme du lait, qu'il a une peau comme une fleur de lys : « Venez voir, dit-elle, comme il est beau, Annette. » — « Tiens, ma belle, dit celle-ci, il est comme tous les enfants ! un peu rouge, un peu rose, un peu blanc, un peu criard, un gros garçon, ma foi, tout blond comme ses parents. Vous l'appelez Victor, Maurice ou Virgile ? Il ressemble au père... » Ce dernier, abasourdi par tout ce bavardage, reste silencieux ; parfois son œil se voile de tendresse et d'émotion, la fibre paternelle vibre au fond du cœur, et il lui tarde d'être seul pour embrasser son enfant et sa femme !

Il doit aussi tarder au père qu'on fixe les prénoms du bébé. Il sait qu'il a une grave obligation à remplir. Durant les trois jours qui suivent la naissance, il doit aller à la mairie, accompagné de deux témoins majeurs, afin de reconnaître la filiation légitime du nouveau-né. L'officier de l'état civil en dressera acte, il établira cet embryon humain : Citoyen français. Titre d'honneur, de force, de vaillance qu'un jour l'enfant, devenu homme, devra honorer par sa conduite civile et faire respecter par sa raison sociale.

Un Baptême

LE MINISTRE DE DIEU

Enfant, dont l'âge heureux signifie espérance,
Dont le front resplendit de la foi du croyant,
Quel biens veux-tu du Dieu d'amour et de clémence,
Le plaisir, les grandeurs, la gloire ou le talent ?
. . . .

L'ENFANT

Petit oiseau, formé sous l'aile de ma mère,
J'ai d'elle son sourire et sa douce bonté :
De celui que le ciel a choisi pour mon père,
Un jour j'aurai la force et la noble fierté.
Je ne veux point des biens que ton Dieu répudie :
Sous leur souffle brûlant l'enfant s'étiole et meurt,
Et moi je veux grandir, pour que ma main hardie,
Tienne haute la croix de ton divin Sauveur.
. . . .

LE MINISTRE DE DIEU

De saint Victor, mon fils, as-tu la sainte audace,
Et sa foi de fervent et fidèle chrétien,
Titre qui du péché efface toute trace
Et nous rattache à Dieu par un puissant lien ?
. . . .

L'ENFANT

C'est ce titre de fils du Christ et de l'Eglise
Que je viens demander pour ma sœur et pour moi.
C'est une fleur du ciel, ma petite Louise,
Un enfant du bon Dieu. — Ecoute, approche-toi.

Gagné par le sommeil, je songeais à la Vierge,
Tu sais, celle que Dieu plaça tout près de lui,
Celle à qui ma maman offrit un si beau cierge
En demandant pour nous sa force et son appui.
Je dormais donc bien fort, comme un enfant bien sage,
Quand le petit Jésus, que j'aime tant à voir,
Parce qu'il m'a donné un joli petit ménage,
Avant de se coucher vint me dire bonsoir.
Sa mère le suivait souriante et muette.
— Comme dans le tableau de la Vierge au pastel —
Elle avait le bouquet que le jour de sa fête
Ma mère avait placé tout frais sur son autel.
Elle en prit une fleur, de toutes la plus belle,
Et, s'approchant de moi, la posa sur mon cœur.
Un baiser m'éveilla..... Oh ! surprise nouvelle !
La fleur n'était plus là, mais j'avais une sœur
Tu vois, Marie-Louise est l'enfant de la Vierge
De celle que Dieu même a placée près de lui,
De celle à qui maman promet le plus beau cierge,
Pour lui avoir donné sa force et son appui.
. . . .
Le ministre de Dieu, touché comme moi-même,
Du récit de l'enfant, redit par son parrain,
Sur leurs têtes versa l'eau sainte du Baptême,
Qu'un ange était allé puiser dans le Jourdain.

R.

La troisième phase de la maternité arrive ; c'est l'heure où l'on enlève l'enfant à sa mère pour le faire chrétien. Heure bénie que la cloche sainte annonce par un carillon joyeux. Le langage de la cloche, la mère seule le comprend, il lui inspire l'analyse de tous ses devoirs qu'elle classe par ordre. Les notes lentes, alertes, tristes et gaies se détachent ou s'harmonisent hardiment; elles font un morceau au ton vivant et coloré jusque dans les gémissements.

Elle promet tout bas, au fond de son cœur, de bien élever son enfant. Elle commencera par lui enseigner les doux noms du Dieu fort et puissant, de la Vierge, qui reste l'idéal de la grâce et de la vertu. Elle lui enseignera deux prières qu'elle a apprises sur les genoux de sa mère et qui lui reviennent à la mémoire en ce moment, comme une harmonie du ciel !

Pour Jésus

Petit Jésus, bonjour,
Mes délices, mes délices ;
Petit Jésus, bonjour,
Mes délices, mes amours.

J'ai donné mon petit cœur
A Dieu, mon doux sauveur ;
Il me le garde si bien, si bien,
Que le monde n'aura rien.

Pour la Vierge

Prends mon cœur, le voilà, Vierge, ma bonne mère ;
C'est pour se reposer qu'il a recours à toi.
Il entend gronder les vains bruits de la terre ;
Ta secrète parole est plus douce pour moi.

J'aime à voir de ton front la couronne immortelle,
Ton regard maternel, ton sourire si doux ;
Mère, plus je te vois, plus je te trouve belle,
Et je viens déposer mon cœur à tes genoux,

Puis elle voit déjà son fils, jeune communiant, et c'est maintenant l'enfant qui vient lui enseigner une prière sainte. La voici :

Le sang du Rédempteur a coulé dans mes veines,
Les anges et les saints ont envié mon sort,
Quand Dieu m'unit à lui par d'amoureuses chaînes,
    Plus fortes que la mort...

Enlève-moi, mon Dieu, de la terre où l'on pleure,
Donne-moi la patrie où t'adorent les saints.
Les siècles de bonheur au ciel ne sont qu'une heure,
Mais une heure sans fin...

Après le tableau qu'elle fait du jour de la première communion, qui se termine par une douce fête de famille, elle suit encore son petit enfant; elle souffre, songeant qu'elle sera obligée de se séparer de l'être bien-aimé pour le faire élever. Elle promet de lui écrire de bons conseils chaque semaine; elle sera près de lui, même quand il sera loin. Lui, ne se rapproche d'elle qu'aux vacances, encore c'est pour courir après les papillons, les amis, les parties de pêche... Arrive enfin le tirage au sort, l'enfant triomphant comme un futur guerrier, lui crie de loin : « Maman, j'ai tiré le n° 5! » Pauvre mère. Elle pleure; non qu'elle ne soit une patriote, elle irait sur le champ de bataille soigner les blessés; mais elle souffre d'y envoyer son fils. Cependant l'espérance du retour surnage dans son cœur, et elle se figure que Victor revient avec des galons, peut-être une croix d'honneur. Elle est fière, elle est heureuse de serrer dans ses bras ce bel officier ou ce brave soldat. Comme elle sait qu'il n'est pas bon que l'homme soit seul, elle lui donnera pour conseil de se choisir une compagne simple, bonne et douce. Elle sait bien que cette affection lui prendra la plus grande part du cœur de son enfant, mais ce sacrifice est un devoir et elle saura le faire sans jalousie, s'effaçant complètement devant la jeune femme qui viendra prendre sa place et qu'elle doit aimer comme sa vraie fille...

Un Mariage

Salut, temple divin, à la masse imposante,
Dont les dimensions et la forme élégante
Révèlent un génie admirable et puissant ;
Qui d'un obscur passé réveillant la mémoire,
Fais revivre à nos yeux, éblouis de ta gloire,
Les merveilleux travaux qu'enfanta l'art roman.

. . . .

Cependant ta beauté s'accrut un jour encore :
C'était au mois de juin, ce mois dont le feu dore
Les épis fécondés par l'amoureux zéphir.
Le sanctuaire, orné de plantes magnifiques,
S'était paré de fleurs aux odeurs balsamiques,
Aux belles couleurs d'or, de pourpre et de saphir.

. . . .

L'autel tout ruisselant des flambeaux d'hyménée
Souriait à la vierge, humblement prosternée.
Mais le cœur rayonnant d'allégresse et d'amour,
La fille de Sion, dans sa robe éclatante
De moire et de satin, à la trame ondoyante,
Eût rehaussé l'éclat de la plus noble cour.

. . . .

C'est ainsi que l'on voit l'ange de la prière
S'agenouiller au pied du trône de lumière,
Ses beaux yeux inondés d'espérance et de foi.
Ici l'ange vous prie, ô mon Dieu ! de lui rendre
L'amour qu'elle a donné : Puissiez-vous l'entendre,
Celle qui se soumet à votre sainte loi !

. . . .

Son voile éblouissant de son âme est l'emblème,
Comme l'est de son cœur l'éclatant diadème
De fleurs au doux parfum qui pare son front pur ;
Mais l'adorable enfant, en sa grâce enfantine,
Rayonne sans songer à sa beauté divine,
Comme l'étoile d'or qui brille au sombre azur.

. . . .

Aussi l'aime-t-il bien sa douce fiancée,
Le jeune homme à l'air noble, à la taille élancée,
Que Dieu venait d'unir au bel ange à genoux
Puissé-je voir un jour un enfant frais et rose,
Au regard caressant, à la bouche mi-close,
Compléter le bonheur des deux jeunes époux.

R...

Elle est encore perdue dans ce labyrinthe de bonne pensée lorsque la cloche cesse de sonner. Elle écoute, rêveuse, le tintement argentin qui se perd dans les airs. C'est si triste que, tout à coup, elle se figure sentir l'âme de son enfant passer et s'envoler au ciel. Il lui semble voir ce corps chéri froid, glacé ; son Victor est mort ! On ne le rapportera pas ! dit-elle avec délire. — Bonne mère, on le rapportera ; Dieu te le garde encore aujourd'hui, mais peut-être un jour il te le prendra. Aussi, devant ce berceau naissant que tu connais à peine, jure la résignation au sacrifice de ton fils. Répète avec Job : « Dieu me l'a donné, il peut me le reprendre. » Rachel fit retentir les échos de Rama de ses malheureuses plaintes, parce qu'au jour de la naissance de ses fils elle ne médita pas sur leur mort et ne se prépara pas à leur séparation. Sachons-le, l'enfant n'est qu'un dépôt ; il nous sera redemandé tôt ou tard par Dieu, par les hommes, par lui-même. Mais écoute, jeune mère, on vient dans l'escalier ; ton fils est vivant, on te le rend plein de santé, de grâce divine.

Embrasse-le, c'est un ange !

Elle le baise avec respect, sérieusement, comme pour accomplir un devoir. Lorsqu'on lui rend son enfant, elle est devenue réellement mère : L'absence a augmenté avec son courage et son amour, la vraie intelligence.

Elle raisonne désormais avec simplicité, avec sagesse, commence à regretter le bel argent qu'elle a employé à la riche layette et qui aurait été utile pour envoyer son fils au collège ou le secourir au régiment. Elle promet que lorsque Dieu lui enverra une petite fille, elle ne fera que ce que nous indiquons ci-dessous :

Layette jusqu'à six mois :

6 petites chemises de deux grandeurs,
6 brassières en piqué molletonné,
6 bonnets en piqué léger garnis d'un feston,
6 bavettes doublées,
6 petits bandages ou ceintures de toile,
6 petits fichus,
24 langes ou couches de toile,
12 langes-maillots en molleton de coton, ou
6 — — en laine blanche ou de couleur,
6 cache-maillots en piqué montés sur ceinture,
2 robes longues, pour les sorties,
1 pelisse à capuchon,
1 capotte,
1 voile,
1 tablier caoutchouc, pour la nourrice ou la mère.

La mère économe utilisera d'abord les pièces blanches qu'elle peut avoir dans sa maison pour faire la layette ; elle usera ainsi ses vieux draps et ses jupes blanches réformées ; pour ce qui lui manquera, elle achètera un modèle de chaque petit article et façonnera elle-même avec celui-là ce qu'elle désire faire. Certains vêtements du bébé tels que les béguins, brassières et bonnets seront de deux tailles ; on prendra le second et le troisième âge. Pour les classes laborieuses, on peut faire une layette avec 30 francs. Pour les riches il existe des devis de layette depuis 50 fr. jusqu'à 800 fr. C'est à la mère à être raisonnable et à fixer cette dépense en rapport avec son budget. Les langes sont ce qui se salit le plus. On est obligé de les laver tous les jours. En hiver on ne peut les sécher assez rapidement, on se trouverait prise au dépourvu, si on avait moins de deux douzaines.

Si on ne tient pas à avoir les langes maillots en blanc, on prendra un molleton couleur d'un beau gris ou rouge.

On achètera un berceau Moïse en jonc blanc, profond. Il peut valoir de 3 à 5 fr. On se procurera 1 m. 50 de toile fil de Flers blanc et bleu, valant le mètre 1 fr. 50. On la coudra en sac, de la longueur du berceau et 50 centimètres en plus que la largeur de ce dernier ; on la remplira de maïs d'Orient. Nous l'appelons d'Orient pour indiquer sa bonne qualité, il doit avoir ses feuilles détachées, larges et douces, se ployant sans se briser et n'étant pas racornies ni repliées entre elles, ce qui fait des bouchons qui pressent l'enfant ou des petits réservoirs d'eau lorsque le bébé s'évacue. On peut laver le maïs s'il prenait de l'odeur. La fougère est appréciable. On la prendra de préférence ; si on peut avoir deux paillons, ce sera prudent afin de pouvoir toujours sécher complètement l'un tandis que l'autre s'emploie. On ne mettra dans les paillons que la ramure de la fougère sèche, opération qui est fort facile ; on la fait sécher au soleil ou dans la cuisine près du fourneau, c'est alors qu'on enlève les côtes. Le varech marin est très bon si on peut l'avoir à bas prix, il dure plus longtemps que les deux autres matières. Les toiles cirées qu'on place sous l'enfant, les peaux de mouton pour empêcher le paillon de se mouiller, ne sont bons que si on leur donne une pente douce, mais le postérieur du bébé fait un enfoncement, dès lors c'est un lac d'eau qui baigne le cher petit et il en résultera diverses indispositions. Il vaut mieux faire deux coussins de 35 centimètres carrés en paille de maïs coupée en lanières avec les ciseaux, et on les changera aussitôt mouillés. Entre ce petit coussin paillot et le paillon, on mettra un carré de feutre ou un morceau de couverture pliée en quatre, qui se lavera plus facilement. On fera le petit oreiller en crin, en fougère ou avec du maïs qu'on coupera encore avec les ciseaux, en lanières, comme des rubans de papier, ce qui fait une couchette plus douce. Avec la plume l'enfant s'enrhume facilement : il a la tête en sueur et il prend mal au moindre courant d'air. Les rideaux doivent être légers, en percale fine ou mousseline forte à petits dessins. Le docteur Rengade, dans la *Vie normale*, conseille de les rendre ininflammables en les plongeant dans une solution de sulfate d'ammoniaque, 20 grammes par litre d'eau. On ne doit jamais les fermer ni placer l'enfant sans jour dans un appartement. Ses petits yeux ont besoin de s'habituer à la lumière doucement lorsqu'il s'éveille. On finit le berceau par une couverture en laine blanche ou en couleur que la mère peut tricoter ou faire piquer. Dans ce dernier cas, on pose une nappe de laine cardée, 500 grammes, qui valent 3 francs, entre deux percales. On la pique à gros carrés. On met dessus un couvre lit en piqué blanc ou pareil aux rideaux. Je ne conseille pas de mettre l'édredon, car on risquerait d'étouffer l'enfant. Une mère se réveilla la nuit en sursaut, elle caressa son enfant d'une main et le trouva découvert. Elle ramena l'édredon sur lui, mais le plaça sur la tête au lieu de le ranger sur les pieds. L'enfant s'étouffa. Quelle catastrophe !

Une autre mère, pour calmer l'enfant qui pleurait, lui mit dans la bouche le bout d'un biberon en caoutchouc. Ce dernier se détacha du tuyau qui le retenait à la fiole ; l'enfant, dans un faux mouvement, l'aspira au fond du gosier. Au point du jour, on trouva le pauvre petit mort !

On ne bercera jamais l'enfant. Le bercement peut être comparé, dit un célèbre docteur, au roulis d'un vaisseau agité par les vagues. Si les hommes les plus robustes ne peuvent le supporter, comment voulez-vous qu'il puisse être utile à l'enfant, endormez-le par une belle chanson. C'est ainsi que les dames grecques les consolaient et les faisaient dormir, disent encore Galien et Platon. S'il crie trop fort, on le démaillottera pour s'assurer si un pli d'étoffe ou une épingle malheureusement tombée ne le blesse pas. (On n'usera que des épingles anglaises, elles coûtent 15 centimes la douzaine; on aura soin de bien les ranger hors de leur service.) On promènera l'enfant : on lui donnera pour sa faim, on le recouchera et, enfin, s'il pleure encore, on le laissera faire, cela lui développera les poumons et le fera grandir. Il est dit que le finlandais Caïanus et le portugais Bongo Capilla, célèbres pour leur taille de géant, étaient des marmots inconsolables. Tandis que le nain que s'était attaché Stanislas, roi de Pologne, le prince Colibri que l'on voyait souvent aux Champs-Elysées conduire un superbe attelage de poneys nains, Tom Pouce, qui joua, au théâtre des Variétés, le rôle du Petit-Poucet, étaient des bébés ne pleurant presque jamais.

Le docteur Vernier dit qu'on ne doit pas tenir l'enfant chaud, ni le couvrir de flanelle, surtout s'il est bien portant. Il donne une moyenne de chaleur de 14° centigrades. Il ajoute qu'on doit le laisser dormir longtemps et, si l'enfant a l'insomnie permanente, on doit consulter le médecin. Dans la Flandre, l'usage de coucher l'enfant trois heures dans le milieu du jour est un devoir pour la mère.

La mère qui n'a pas mis au monde un enfant bien constitué ne doit pas en rougir.

La nature compense dans la distribution des dons intellectuels les imperfections physiques dont elle nous dote : Esope, Pope, Oberkamps, le maréchal de Luxembourg, étaient bossus; Tyrtée, lord Byron, Walter Scott, Tamerlan, Benjamin

Constant, Shakespeare étaient boiteux. Il y en aussi beaucoup qui, dans un corps grêle, « portent un esprit supérieur, » comme dit Virgile. Nous mentionnons les principaux : David, le vainqueur de Goliath, Pépin le Bref, l'acteur Mollone qui, ayant pris en chasse un beau renard gris, le fit écorcher pour faire avec la peau un hamac pour sa couchette; Napoléon Ier et son historien Thiers, la princesse Marie-Thérèse étaient aussi de très petite taille.

Il faut éviter de laisser le berceau par terre; on a vu des poules qui venaient picoter l'œil de l'enfant croyant que c'était une perle ou un grain de maïs. Des cochons les dévorant; enfin des chiens sentant le lait à la bouche de la mignonne créature, sont portés à lécher la jolie petite figure. On placera donc le berceau dans une bercelonnette en fer si on a assez d'aisance pour l'acheter. Sinon on fera faire une tablette en bois blanc avec rebords sur le socle, les pieds en forme de croissant. C'est ainsi que le petit duc de Bourgogne est représenté dans une estampe du dix-septième siècle.

Dans le monde élégant on entourera cette petite table d'une bande de mousseline brodée, ce sera bien alors l'autel de l'amour et de l'innocence paré avec simplicité.

Berceuse.

La Mère et le Rouet.

I

Entre mes doigts le lin docile
Guidé par toi, léger fuseau,
Soutient seul le pauvre berceau
De mon enfant encore débile.

Sans te lasser, mon gagne pain,
Tourne toujours avec courage;
Pour que mon ange au doux visage
Ne connaisse jamais la faim.

   Va, va, tourne, tourne,
   Tourne, tourne, sans bruit,
   O mon léger fuseau,
   Pour le pauvre petit
   Qui dort dans son berceau.
   Va, va, tourne, tourne
   Sans bruit jour et nuit.

II

Si le devoir craintive mère
Me retient là, près de mon fils,
Daigne Seigneur comme au parvis
Entendre ma courte prière.
Des jours si purs de mon enfant,
Ecarte tout sombre nuage
Et donne lui pour héritage
A lui bonheur, à moi tourments.

   Va, va, tourne, tourne, etc.

III

Ainsi parlait la pauvre mère
Et son fuseau marchait toujours,
Chassant, à chacun de ses tours,
Le besoin loin de la chaumière.
Et l'on dit que quand vint le jour
Ou son bras fut raidi par l'âge,
L'enfant devenu grand et sage
Tourna le rouet à son tour,
Répétant jour et nuit :

   Tourne, tourne sans bruit
   O mon léger fuseau,
   Pour celle qui petit
   Veilla sur mon berceau,
   Va, va, tourne, tourne
   Sans bruit jour et nuit.

            V...

Moïse Français.

I

Bercé dans sa nacelle
Voyez ce bel enfant,
Sur une onde infidèle
Il vogue en souriant.
Soudain le flot l'entraîne,
Il fuit, il fuit toujours,
En vain sa voix lointaine
Implore du secours.

    Dieu tutélaire
    Pense à sa mère
    Qui l'attendra,
    Sauve l'enfance
    Et l'innocence
    Te bénira.

II

Errante sur la rive,
Sa mère l'appelait;
Des flots la voix plaintive
Hélas! lui répondait.
Voici que la nacelle
De loin frappe ses yeux.
Mon fils, mon fils dit-elle,
Les bras tendus aux cieux.

    Dieu tutélaire
    Sa pauvre mère
    Espère en toi.
    Et l'innocence
    En ta puissance
    A mis sa foi.

III

Et l'onde obéissante,
S'arrêta sans effort,
La brise caressante
Mena l'enfant au port.
Sa mère avec ivresse
Le pressa dans ses bras,
Tremblante de tendresse
Elle redit tout bas.

    Dieu tutélaire
    C'est ma prière
    Qui t'a fléchi.
    Mon cœur t'adore,
    Il dit encore :
    Mon Dieu, merci.
          R...

DEVOIRS D'UNE MAITRESSE DE MAISON
Envers ses domestiques

> Soyez doux sans familiarité, complaisants
> sans faiblesse, fermes sans hauteur.
> E. HIPPEAU

La maîtresse de maison traitera les domestiques comme des aides et non comme des esclaves. Autrefois, nos pères savaient les attacher définitivement à leur service ; Charles VI eut une seconde mère dans Odette ; Molière lisait ses pièces à l'excellente Laforêt ; Boileau nous vante son jardinier Antoine ; Napoléon comptait toujours sur sa garde ; on a vu des domestiques se dévouer pour sauver leur maître : aujourd'hui ces faits sont rares ; nous sommes devenus égoïstes et ils sont devenus exigeants. Le choix des domestiques est aussi une condition importante de bon service. On doit les prendre, autant que possible, intelligents, laborieux, actifs et exiger les meilleures références sur leur honnêteté. Il faut les louer au mois avec la réserve qu'ils seront augmentés dès que leur travail le méritera. Leur nourriture devra être suffisante et substantielle si l'on ne veut pas les obliger à visiter souvent le buffet en cachette. La maîtresse de maison fournira un bon lit afin que le domestique s'y repose bien et soit dispos à se lever matin. Une fois pour toutes, elle indiquera l'heure du lever. Ce sera de six à sept en hiver, et de quatre à cinq heures en été. Pour maintenir cette règle, la maîtresse sera obligée de se lever de temps à autre à ces mêmes heures. Le domestique, surpris en retard, n'aura pas besoin de reproches ; il rougira de lui-même et se tiendra désormais en éveil. Tous les soirs elle demandera à ses domestiques les détails sur l'emploi de la journée, détails qu'elle possèdera déjà par la surveillance qu'elle aura faite par son intelligence ou son expérience. Ainsi elle persuadera à ses subordonnés qu'elle veille à tout, mais qu'elle veut la vérité de leur bouche, leur prouvant à la fois certaine capacité et certaine confiance, ce qui rendra les serviteurs plus dévoués. Le domestique a son amour-propre très susceptible et tel ne travaillera que s'il se sent un peu apprécié.

Lorsque la maîtresse de maison aura des observations à faire, elle sera toujours bienveillante et polie ; mais elle ne tolèrera pas des réponses impertinentes ou grossières. Le domestique doit être prévenu de cette déférence dès son entrée en service, et impitoyablement renvoyé s'il y manquait, sauf s'il reconnaissait ses torts et en faisait réparation. On doit faire régner entre eux la bonne harmonie.

S'il s'établissait des familiarités entre les sexes et qu'on ne tienne pas compte des observations faites discrètement, on donnera congé sans nul égard, alléguant des raisons de santé, car il faut toujours respecter la réputation des autres, surtout des domestiques qui ont besoin de gagner leur vie avec elle. En hiver, les veillées sont longues ; il faut procurer une occupation aux domestiques qui rapporte quelque chose et les intéresse au gain : tresser des corbeilles, écosser les haricots, égrener le maïs. Ils auront de temps en temps une petite étrenne sur le prix de la vente. Alors rien n'est rustique et intéressant comme ces braves garçons et ces bonnes filles, devisant gaîment sur les vendanges, les moissons, la cueillette des pommes de l'année prochaine, sur la fête qui aura lieu au village dans six mois, sur les messes et les vêpres chantées par Jeannot, sur le mariage de Mariette avec Baptiste. Ils ont des propos et des termes si honnêtes, si vrais, qu'on se demande pourquoi il n'y a pas, dans le corps salarié des domestiques, un jury, qui, faisant du patois une langue vivante, de leurs mœurs une histoire, de leur travail une science, leur distribuerait, après un examen, le brevet d'aptitude à être bons domestiques. Ce seraient des bacheliers rustiques faits par une faculté agricole dont les plus vieux et les plus expérimentés seraient les doyens et les professeurs. Chaque canton devrait avoir son académie rurale.

Lorsqu'on donne congé à un domestique ou qu'il finit son année, on doit le payer très exactement. S'ils ont été convenables ou dévoués pendant leur service, ne manquez pas de leur témoigner votre bienveillance en leur donnant de bons conseils pour la route qu'ils doivent suivre ailleurs.

Point économique. — Le domestique honnête que le maître aura su attacher à la maison fera son travail avec ordre, avec activité; il cherchera à se faire aimer pour garder longtemps sa place; il se perfectionnera dans son métier et se gardera de porter préjudice à son maître.

Dites-leur que vous garderez d'eux un bon souvenir, et que vous leur réservez votre protection si elle peut leur être utile. Les forts doivent aider les faibles ; que le maître n'oublie pas ceci : « On a souvent besoin d'un plus petit que soi. »

LE SERVITEUR ENVERS LES MAITRES

> Vous serez soumis et complaisants pour vos maîtres.
> Vous veillerez sur leurs biens et ne leur ferez point tort.
> (LACORDAIRE).

Le serviteur a des charges professionnelles, son premier devoir est de s'en acquitter avec une humeur égale et une activité consciencieuse. Il doit respecter son maître dans sa personne en lui répondant toujours d'une manière polie et raisonnable; dans sa réputation, en ne s'occupant jamais de lui au dehors avec les autres confrères ou avec les voisins. Son devoir lui impose même de cacher au public les défauts de celui qui lui donne son pain et son argent, et il lui ordonne d'ensevelir au fond de son cœur les misères intimes qu'il peut découvrir ou observer dans la maison où il est loué.

Il doit encore le respecter dans son bien en ne le volant pas. Le vol domestique est un abus de confiance, il est plus grave que dans tout autre cas et plus sévèrement puni par la loi.

En un mot, les principales vertus d'un bon domestique sont l'honnêteté, la discrétion et la politesse.

POINT ÉCONOMIQUE. — Avec ces qualités le domestique aura l'avantage d'être apprécié, recherché et bien payé.

DEVOIRS ENVERS LES AMIS

> Point d'ami intime qui ne craigne la justice de Dieu et celles des hommes, autrement il vous perdra, quelque bonté de cœur qu'il ait.
> (FÉNELON).

Ce sont ceux qui souvent viennent chez nous, prennent familièrement place à notre foyer, s'assoient à notre table, nous invitent à la leur et semblent se dévouer à nos intérêts. L'ami fidèle est un trésor, rien ne peut lui être comparé; ni l'or, ni l'argent ne peuvent en égaler la valeur. L'ami soutenu par son ami est fort : le fer aiguise le fer; ils s'excitent l'un l'autre au bien. Mais la difficulté est dans le choix des bons amis. On se trompe souvent, et l'erreur est d'autant plus terrible qu'il faut se séparer résolument et énergiquement de cet ami qui se dévoile à vous médisant, flatteur, vicieux et méchant. Il se vengera peut-être; mais vous serez plus fier de sa haine que de son amitié.

En conséquence, on doit choisir ses amis parmi les hommes et les femmes qui ont donné des preuves de sagesse et de bon sens. Si l'on n'en trouve pas parmi les jeunes, on en prendra parmi les vieux, et le jour où l'on est sûr de son choix, on se donnera sans arrière-pensée, tel que l'on est, ouvrant son cœur et son âme comme un livre à cet ami discret sur lequel on peut compter. On devra le visiter souvent, lui témoigner par une inaltérable amabilité, combien il nous est cher; on doit ménager son impatience, sa susceptibilité, lui exprimer la déférence qu'on a pour sa sagesse et ses conseils; la reconnaissance que l'on garde pour les services qu'il peut nous rendre; le dévouement qu'à notre tour nous portons à sa cause, en un mot, ce sont là les préceptes de l'attachement le plus parfait. Nous les mettrons en pratique pour nos bons amis.

POINT ÉCONOMIQUE. — Un ami vous donnera des conseils d'ordre, et tranchera la difficulté avec équité quand vous aurez quelque affaire où il vous faudra un tiers.

DEVOIRS ENVERS LES ENNEMIS

> Notre *énergie* arrête l'ennemi ; notre *générosité* le tue ; notre *pardon* le sauve.
> Louise VERGNES.

Les ennemis sont ordinairement des caractères envieux, jaloux, grossiers, haineux. Vous ne devez pas les craindre, ni les éviter ; vous devez vous défendre, si vous êtes attaqué, avec énergie de caractère et noblesse de sentiment, mais ne pas vous venger : laissez ce soin à Dieu, au public, à la justice. Tout châtiment a son jour, comme toute récompense son temps. Les ennemis mériteraient d'être classés au nombre des malheureux qui font pitié et qu'il faut plaindre. Quelles tortures doivent éprouver les caractères faits de désirs insensés, de mépris injustes, d'éducation mauvaise, de haine sourde, surtout s'ils ne peuvent réduire, broyer, pulvériser l'objet de leur aversion. Quelquefois — quel ridicule ! — l'objet de leur immense colère est un être petit, faible, chétif, une toute mignonne femme, un rien qu'un regard foudroie, qu'un bruit fait évanouir, qu'un geste brusque peut renverser. Alors surtout on les voit s'agiter comme des fous, ces ennemis implacables, aller, venir, établir des conciliabules extraordinaires, rarement nombreux — à peine un tiers y est admis — car ce n'est qu'en secret et dans l'ombre que se trament les horreurs morales et matérielles. Que font-ils :

Ils s'amusent à noircir, près d'un époux, d'une mère, d'une sœur, une femme, qui, loin d'avoir mal fait, a toujours eu une conduite et des sentiments plus honnêtes et plus dignes que les leurs; ils contrôlent les actes de leur victime, alors que rien n'est répréhensible et ne les regarde nullement; ils introduisent un procès là où il n'en faudrait jamais, n'ayant en leur appui ni preuves ni délit.

Certainement ils arrivent à un but. Ils font le mal. Mais ils ne sont pas heureux. Le remords vient se joindre à leur rage; ils souffrent comme des damnés, par ce sentiment indéfinissable qui fait qu'on ne peut pardonner aux autres ce qu'on n'a pas le droit de se pardonner à soi-même. Quant à la victime, elle se souvient, mais sans souffrance de remords; au contraire, elle acquiert une dignité plus grande à ses propres yeux, dignité qui l'aide à marcher, comme les raisonnables et les heureux de la vie, vers les sources rafraîchissantes et les régions éthérées; devant elle, les fronts bien pensants s'inclinent, les cœurs sympathiques se pressent, et les mains amicales lui donnent leur serrement loyal avec plus d'effusion.

Ne vous posez jamais en ennemi. Il n'est pas, en conscience, permis d'assassiner moralement la famille; la société devrait considérer cette horreur comme un délit méritant la déportation dans un pays où toute civilisation est inconnue et où chacun défend ses biens et ses droits naturels avec le yatagan.

Préférez donc être victimes que bourreaux. La lie est pour vous, au bord du vase, amère, brûlante, corrosive; mais avec du caractère vous la videz d'un trait et vous dites avec le Christ, idéal de la souffrance: « S'il faut boire ce calice, je suis prête... » C'est fait. Marchons encore; l'ennemi ne doit pas rire de notre râle d'agonie; non. Enseignez-lui que les âmes viriles sont exemptes des lâches passions, qu'elles vont de l'avant, même blessées à mort, laissant loin derrière elles l'ennemi noyé dans sa fange ; c'est l'homicide des cœurs, le démon incarné.

L'ennemi ne sera désormais qu'un fantôme, votre énergie en aura raison, sans autre secours secondaire. On ne verra pas de duels ni de guet-apens de vengeance ; on fera son chemin paisiblement, bravement, fièrement, travaillant et faisant ce qu'on doit, se sentant bien au-dessus des cruelles misères, écrivant avec la plume du rebut ce que disait une villageoise méridionale à deux voisines vindicatives et cancanières :

> Je ne crains pas vos colères :
> Ce sont de mauvais onguents
> Dans vos pots, mes toutes chères,
> Ils ont moisi trop longtemps.

Il est un dernier devoir : Du fond du cœur, on doit pardonner à l'ennemi, et si dans la vie vous êtes à même de lui rendre un service que vous seules puissiez faire, vous le rendrez, vous souvenant qu'il faut pardonner si nous voulons que notre Dieu nous pardonne.

POINT ÉCONOMIQUE. — Nos ennemis nous obligent à mieux veiller sur nous-mêmes, sur notre avoir, sur notre conduite ; c'est à eux, parfois, que nous devons nos succès. Les malheurs qu'ils nous causent nous rendent plus forts, et nous pouvons alors choisir notre vraie voie, qui assure à jamais l'honneur et l'avenir.

DEVOIRS ENVERS LES MALHEUREUX

> Regardez le malheureux et le pauvre comme des frères naufragés.
> (Jean VERGNES.)

Ils sont nombreux les malheureux. Combien de cœurs, désolés, perdus, désespérés! Combien de corps sans habits et sans pain. Nous, qui avons le pain moral et le pain matériel, faisons-nous un devoir d'être bons, de donner en toute occasion l'un et l'autre de ces biens à ceux qui souffrent. Vous connaissez une voisine désolée d'avoir perdu son enfant, son mari, ou quelque autre objet de son affection : allez la voir et l'encourager; plaignez-la, c'est un cœur brisé.

Le Vieillard.

Plaignez aussi le vieillard, si vous le rencontrez pauvre et malheureux. Il était, comme vous, jeune et beau; il travaillait, gagnait peu, et donnait son argent à ceux qu'il aimait, ne songeant pas à la Caisse d'épargne. C'est une étourderie, voilà tout. D'autres fois, c'est un père qu'un fils ingrat a mis hors de chez lui, ne voulant pas entendre les conseils du *vieux;* sa fille l'oublie à la ville voisine; c'est un fermier qui a vu sa récolte perdue dans une inondation, sa ferme incendiée par un jeune pâtre, sans garanties ; bref, c'est un être à l'esprit obscurci, qui n'a pas su tirer l'épingle d'or du jeu de l'existence ; il mendie, ne voulant pas aller à l'hôpital, car il a trop écouté les sots préjugés du pays, qui lui en font une honte, alors que c'est l'hôtel du bon Dieu. Plaignez-le, il va mourir sur le bord du chemin ou dans une grange.

L'Homme ruiné.

Vous en savez un autre dans de mauvaises affaires, témoignez-lui par votre respect que vous le plaignez ; qu'il ne puisse pas dire en vous voyant passer : « Encore un qui me méprise ! » Souvent, il n'est pas cause du mauvais état de ses affaires. En arrière, il voit ceux qui ont noyé son argent dans leurs faillites, et ne lui ont pas payé sa marchandise ou son travail. Il n'a pas même le droit de le dire. On ajouterait à son nom l'épithète de menteur, de polisson. Si vous l'aviez vu, un jour, serrant son front dans ses mains, comme dans un étau, se sentant forcé de faire banqueroute, d'être malhonnête homme, cherchant ainsi à écraser sa pensée, à briser son désespoir, comme il vous aurait fait pitié ! Plaignez-le, c'est un malheureux, qui ne connaîtra plus l'aisance.

La Femme abandonnée.

D'autres fois, c'est une femme ; elle est arrogante et mauvaise, sous ses cheveux noirs ébouriffés. Pourquoi ? elle a trente ans à peine, l'âge d'être simple et bonne. C'est qu'on est venu la prendre dans sa maison où son père et sa mère l'aimaient et ne la laissaient manquer ni de conseils ni de pain. Elle crut aux promesses de bonheur et d'affection qui lui furent faites par l'homme qui l'épousa. Elle le croyait encore, après avoir été maltraitée et battue, jusqu'au lendemain où elle fut abandonnée seule sur le chemin de la vie, « comme une fleur fanée que l'homme insoucieux jette aux fureurs du vent... »

C'est une épave de la misère, de l'égoïsme et de la brutalité ; plaignez-la, c'est une malheureuse qui ne connaitra plu ni la paix, ni la joie.

L'Orphelin.

C'est aussi un enfant qui passe à vos côtés, déguenillé et vilain ; il vous regarde avec un air hébété et audacieux à la fois. Il n'a jamais senti les caresses et le baiser d'une mère, ni le sourire et le dévouement d'un père. Il s'imagine, n'ayant jamais trouvé d'affection dans sa vie, que le monde est méchant ; son cœur renferme déjà un levain de haine, il a l'instinct des bêtes sauvages, il voudrait déchirer le plus faible, il fuit devant le fort. C'est le lionceau échappé du désert, c'est le cheval indompté, le singe pervers ; au physique, c'est un ours mal léché.

Que deviendra-t-il au contact d'un maître brutal, dans un hospice glacial, ou dans une barraque de saltimbanques ? Nul ne peut le dire ; si l'on analysait ses idées décousues, on en ferait un volume qui révèlerait comment germent le vagabond, le voleur, l'assassin, le forçat.

Un jour, nous promenions avec deux amies aux portes de

Toulouse; un enfant de douze ans abimait un beau rosier greffé devant une habitation charmante. Nous lui demandâmes pourquoi il agissait ainsi? Il nous répondit que l'on cultivait ce qui n'était pas vivant mieux que ce qui vivait ; qu'il éprouvait un véritable plaisir à tout abimer et à tout détruire, n'ayant, lui, ni maison, ni jardin, ni parents, ni le sou dans sa poche.

C'était le malheur et la jalousie qui lui faisaient perdre la tête. Jaloux d'un rosier! pauvre petit! S'il était né et avait été élevé dans une famille, il serait bon comme nous. Ah! si jamais vous le rencontrez et que vous puissiez le greffer comme l'arbuste qu'il déchirait, faites-le, sinon, plaignez-le, il ne connaitra jamais les bienfaits de l'éducation du foyer.

La Domestique sans place.

Dans une station de chemin de fer, vous voyez une enfant de seize à vingt ans, un léger carton à la main : elle cherche avec activité et timidité à la fois, le wagon qu'elle doit prendre et la ligne qu'elle doit suivre. Elle monte? puis tire de sa poche la carte et le porte-monnaie, et compte son argent ; elle a 13 francs.

Elle réfléchit, et de grosses larmes mouillent ses paupières. Ce sont, à ce moment, les conseils de sa mère, les reproches de son père qui lui reviennent à la mémoire.

La première lui disait : « Marie, si tu vas loin, souviens-toi de moi et reste bonne. Ecris-moi tes peines et demande-moi l'avis dont tu auras besoin. Place-toi de préférence chez une dame veuve ou chez une vieille demoiselle. — Oh! non, ma fille, reste encore, car tu es trop jeune pour aller à la ville, nous ferons comme nous pourrons. Cette séparation me brise!!! » Le père dit à son tour : « Tu ne dois pas aller à la ville; d'abord tu ne sais rien faire, tu ne trouvera pas à te placer; ensuite, tu n'as pas l'expérience de la vie, si nécessaire pour marcher droit. Tu t'y perdras peut-être. Reste jusqu'à ta majorité, je le veux. » On s'est débattu ainsi durant trois mois dans la famille. Enfin, le dernier jour, on se quitte brouillés; cela pèse au cœur de l'enfant; mais dans sa folle illusion, elle marche vers la ville, où seule, comme une abandonnée, elle commence à se présenter aux premières maisons de la rue. Partout il y a des jeunes bonnes; celles-ci lui indiquent le bureau de placement; elle s'y rend durant quelques jours, aux mêmes heures. Une place est enfin trouvée; il faut qu'elle en paie les frais : 2 francs. C'est une maison où, à 15 francs par mois, on exige un service régulier et habile. Le maître le veut ainsi : tant pis pour qui ne sait pas remplir les conditions. Notre jeune domestique est renvoyée à la fin du premier mois. Pour se présenter ailleurs, l'enfant a besoin de s'habiller proprement : elle va donc dépenser pour cela le reste de son argent. Le soir elle n'a pas de place, elle n'a pas mangé : où aller dormir?

Pour la pauvre fille délaissée, l'heure du désespoir est sonnée, sa vertu chancelle à la première tentation d'un confrère, d'un pays, d'un passant, et la chute arrive fatalement... Plaignez-la, de ce qu'elle n'ait pu rester au foyer paternel quelques années encore, jusqu'à ce qu'elle eût été capable de garder sa première place : elle ne connaîtra plus la joie de l'innocence.

Le Célibataire.

Ayons compassion d'un être abandonné que j'appellerai le célibataire. La jeunesse a été bonne pour lui ; l'âge mûr, sans plaisir et sans peine ; la vieillesse sera triste et monotone. S'il est pauvre, il sera seul, comme il a vécu ; s'il est riche, il sera entouré d'étrangers ou de parents avides de son argent, heureux de l'enterrer pour saisir son héritage. Alors il remontera vers ses premières années ; la vieillesse est une seconde enfance. Mais dans cette seconde enfance, où est donc la femme qui doit remplacer la mère ? la fille, qui doit tenir lieu de petite sœur ? Il a méconnu l'ordre de la nature ; pas un être dévoué qui veille sur lui, pas une main affectueuse qui le soigne, pas un souvenir après sa mort porté dans un cœur respectueux. Cet abandon il le sent, il le médite, et il en est désespéré. Il mourra regrettant de ne pas avoir une famille pour laisser son or et perpétuer son nom ; il n'aura pas la dernière rêverie des vieux parents : les baisers des petits-fils et des petites-filles. Il mourra maudissant toutes les toiles d'araignée qui lui masquèrent le vrai chemin de l'homme et les fils de Tarentule qui l'attachèrent au faux rivage : C'est l'arbuste sans fruits qui sera coupé et mis au feu, ses cendres jetées au gré du vent, à moins que, par générosité de caractère, il lègue une part de sa fortune pour le bien public.

Souvent on entend dire que l'on mettra un impôt sur les célibataires. Toutes les femmes nous donnons notre voix pour que cette sage mesure soit appliquée. Les Romains refusaient aux célibataires le droit de témoignage et chez les

Spartiates, ils étaient fouettés tous les ans par de vieilles femmes, devant la statue de Junon. D'un autre côté, il est dit que Moïse récompensait les gens mariés en les dispensant du service militaire. César punissait les femmes non mariées en leur défendant de porter des bijoux. Louis XIV, dans ses ordonnances, dit : « Tous vos sujets mariés à la vingtième année soient et demeurent exempts de toute contribution, imposition et charges redevables jusqu'à 25 ans révolus. » Actuellement, tout homme marié et père de quatre enfants est dispensé des 28 jours.

Ce sont surtout les vieux parents qui se désolent de voir leurs enfants vieillir célibataires.

Une mère disait un jour, parlant de son fils : Je donnerai la moitié de ma vie avec plaisir pour qu'il se marie et que ma maison, élevée par cinquante ans de travail, ne tombe pas, après moi, entre les mains d'une servante qui, bientôt, gouvernera le maître et les choses comme propriété lui appartenant.

POINT ÉCONOMIQUE DES MALHEUREUX. — Sur le nombre des malheureux, il y en aura beaucoup de reconnaissants qui se dévoueront à leurs bienfaiteurs. La nation se transformerait en un paradis, si les esprits s'unissaient dans une ligue de charité morale et matérielle.

D'un côté, la compassion, se penchant affectueusement, tendrait la main à la nécessité qui, heureuse et reconnaissante, tracerait cette devise au fronton de toutes les maisons : « L'Union fait la force. »

LE PUBLIC, LE MONDE, LE VOISIN

> Le médisant n'ira pas chercher ceux qui n'ont aucun plaisir à l'entendre. S'il s'aperçoit que vous l'écoutiez à regret, il se taira.
> SAINT JÉRÔME.

Une femme doit être fort polie avec tout le monde ; elle ne doit jamais écouter ou tenir des propos malveillants, ni dire à autrui des grossièretés, laissant simplement de côté ceux qui ne lui conviennent pas, voilà tout. Elle se présentera toujours en public décemment vêtue, avec un chapeau sur la tête et gantée ; ne mettra dans sa démarche aucune prétention : la noblesse des sentiments qu'elle doit avoir lui donnera suffisamment un port élégant et un sang-froid toujours digne. Ceux qui ne le comprendront pas, les inintelligents, diront : « Cette femme est fière ». Cela vaut un sot compliment. Elle ira dans le monde régulièrement, afin de se façonner de plus en plus aux belles manières, tout en restant simple ; tâchera de ne pas déranger les amies qu'elle visite, prendra leurs heures, leurs jours, et, à son tour, elle les attendra dans sa chambre ou dans son salon, aussi souvent qu'elles voudront y venir. Les femmes qui n'ont pas de fortune ni de position sociale visiteront leurs amies de temps en temps, surtout en cas de maladie, évitant toujours de causer sur le prochain. Elles doivent trouver dans l'énumération de leurs devoirs familiaux, dans le détail de leurs occupations et dans l'affection qu'elles portent aux enfants, les éléments nécessaires à une conversation familière. Elles doivent être gracieuses envers leurs amies, se prêter généreusement un coup de main dans le travail, un ustensile, un patron pour coupe d'habits, surveiller réciproquement leurs enfants, se serrer affectueusement la main aux jours anniversaires de naissances, de décès, de fêtes, etc. Il est bon, entre voisins, de se réunir quelquefois à la même table ; ces invitations doivent se faire fort simplement, afin de ne pas grever le budget et jamais entre femmes seules ; leurs maris et leurs enfants doivent y être. Quelles sont agréables ces veillées amicales d'où la gêne de l'étiquette est bannie ; où, après un repas confortable, le plus vieux entonne une chanson joyeuse :

> Disparaissez, on vous l'ordonne,
> Rôtis pompeux, fins entremets,
> Ici Bacchus, Flore et Pomone,
> Seuls doivent régner désormais
>
> On rit, on babille,
> Et le cœur est ouvert ;
> Et la gaîté brille
> Au moment du dessert.
>
> C'est du Champagne qu'on apporte ;
> Chacun peut dire sa chanson ;
> Qu'on chante juste ou faux, n'importe,
> Tous les cœurs sont à l'unisson
>
> On rit, etc...
>
> Voyez cette jeune innocente,
> Buvant de l'eau, ne disant rien ;
> De vin mousseux qui enchante,
> Elle goûte, boit, rit enfin.
>
> On rit, etc.

A raisonner chacun s'applique,
Tous ensemble et non tour à tour ;
Tout haut on parle politique,
Tout bas on se parle d'amour.

On rit, etc.

Vous qu'un joyeux délire excite,
Et dont Bacchus dicta le chant,
Mes chers amis, dînons bien vite,
Mais au dessert restons longtemps.

On rit, etc.

Dans le monde, on donne des dîners d'apparat et des soirées. Il faut faire les invitations quelques jours à l'avance. Ces invitations se font soit par visite, soit par écrit. La personne qui reçoit une invitation est tenue d'y répondre, si elle ne peut accepter, en remerciant gracieusement, sans donner ses raisons. Ceux qui acceptent doivent envoyer leur carte l'avant-veille, afin que la maîtresse de maison qui invite sache sur combien de personnes elle peut sûrement compter. Le soir de l'invitation, on ne doit pas être des premiers arrivés ni des derniers. On se présentera dans la tenue exigée par la maison qui reçoit, soit en robe de visite, soit en robe de bal. Si on l'ignore, prenez le soin d'aller aux informations avec une discrétion aimable. La salle à manger doit être très éclairée dans ces sortes de réceptions ; la table mise à l'aise, les couverts dressés avant l'arrivée des premiers convives. L'ordre des vins doit être désigné d'avance et le menu du repas annoncé sur une carte. Lorsque le premier service du dîner est fait, un domestique proprement vêtu ou la femme de chambre, en tablier blanc, entre au salon et dit à haute voix : « Monsieur ou madame est servie ». C'est le maître ou la maîtresse de maison qui assigne la place aux convives, pour éviter des confusions, en ayant soin, au préalable, de mettre le nom des invités sur les cartes et de classer chaque place : la maîtresse et le maître de maison au centre, de chaque côté de la table; la place d'honneur pour les hommes, à la droite de la maîtresse, la seconde à gauche. Les places se succèdent ainsi dans cet ordre, à gauche et à droite, du maître et de la maîtresse de maison. Les étrangers doivent être placés, autant que possible, près du centre ou, au moins, dans le haut de la table. L'autre extrémité est réservée aux enfants et aux parents. Le haut bout de la table est la partie opposée à la porte principale de la salle à manger. On doit recommander aux domestiques de ne rien servir sans le présenter sur une serviette ou sur une assiette. Pour servir les plats à la française, on les mettra sur la table entiers, sur des réchauds. Le domestique les enlèvera de là pour les découper sur la desserte. On recommandera aux domestiques d'avoir soin de nommer intelligemment les mets et les vins qu'il sert.

Un jour, dans une maison de premier ordre, le domestique qui servait les vins offrait du Saint-Emilion disant : « C'est humiliant ». Il présenta Saint-Peray en disant : « C'est payé ». Ce devait être un Marseillais né sur la Cannebière.

Si l'on sert le rince-bouche, ce sera un demi-verre d'eau froide ou tiède, selon la saison, aromatisée avec de la menthe. Le rince-bouche consiste en un verre contenu lui-même dans un bol. On doit dissimuler cette opération avec sa main ; elle est si ennuyeuse que la mode devrait la remplacer par l'offre d'un bonbon aromatique, pastille à la menthe, au citron, que le convive aurait soin de dissoudre dans sa bouche en buvant une cuellerée d'eau.

Le bonbon rince-bouche de l'*Economie domestique* sera

excellent à cet usage. Il est à arôme de rhum pour les hommes, d'oranger ou de menthe pour les femmes.

Si dans un dîner on trouve une fleur détachée à côté de son assiette ou dans le verre, on aura soin d'en fleurir son corsage. Le café, le thé seront servis bien chauds par la maîtresse de la maison, ainsi que les liqueurs, soit à la salle à manger, soit au salon de compagnie.

La conversation dans un dîner d'étiquette peut languir. Le maître et la maîtresse de maison doivent être sur le qui-vive pour la ranimer, soit par une anecdote piquante, un trait amusant ou une raison d'importance. Il faut mettre dans le ton de sa voix et de sa phrase un naturel absolument familier; c'est ce qui autorisera les convives à prendre l'élan et la gaieté nécessaires au repas et à la digestion.

Dans le salon de compagnie on causera, on fera de la musique, on dansera. L'art de tenir salon est plus difficile qu'on ne pense, si on ne veut pas s'occuper d'autrui avec malveillance. La tournure de la causerie ne doit pas être lourde, frivole, méchante. « Il faut, dit un philosophe du dernier siècle, qu'on y soit savant sans pédantisme, gai sans tumulte, poli sans affectation, galant sans fadeur, badin sans équivoque. » Cette science ne peut appartenir qu'aux intelligences supérieures et expérimentées; pour les autres, ils doivent rester le moins de temps possible dans le salon d'étiquette, y parler poliment, c'est-à-dire avec un ton de voix sympathique, et après les autres, de nos usages, de nos créations, de nos amis les meilleurs. Cette simplicité produit un excellent effet et vous attire facilement la complaisance des autres. En résumé, tout est là dans ces mots : « L'art de plaire ». Si on y parvient en demeurant discret et aimable, on n'a pas perdu son temps. C'est un succès qui marquera bien, dans un salon, la place à celle qui l'aura conquise. Les femmes distinguées des salons des dix-septième, dix-huitième, dix-neuvième siècles, sont :

Mmes de la Fayette,
    de Maintenon,
    de Campan,
    du Deffand,
    Geoffrin,
    de Tensin,
    Guyon,
    de Sévigné.

Mmes Necker,
    de Staël,
    Récamier,
    de Girardin,
    Ancelot,
    Adam,
    Princesse Mathilde.

Ces femmes distinguées étaient simples et pratiquaient l'économie. Mme de Sévigné prenait la peine d'éteindre elle-même les bougies qui devenaient inutiles, les réservant, disait-elle, pour écrire à sa fille, le soir. Mme de Tensin avait un extérieur de simplicité et de bonhomie qui faisait dire d'elle : « Quelle noble ménagère. »

Mme Geoffrin était un esprit actif, descendant au moindre détail et apportant à l'économie de son petit empire tous ses soins.

Mme Guyon, dans la discussion de sa doctrine mystique, défendue par Fénelon et combattue par Bossuet, disait : « Je regrette le temps de ces grands hommes, le papier et la chandelle que je leur coûte. » Cette réflexion, presque naïve, prouve son goût pour l'ordre.

Oui, ces femmes savaient faire économie de temps, elles suffisaient alors à l'intérieur et à l'extérieur. Femmes du monde, entre toutes, par leur politesse, la sagacité de leur esprit, leur ambition quelquefois : ainsi Mme Necker ouvrit son salon dans le but de faire apprécier son mari qui, du reste, l'approuvait complètement. Elle était froide et manquait de cette qualité qui subjugue : l'éloquence et la persuasion.

Un jour un visiteur de Chastelux, ne trouvant personne au salon, pénétra dans l'appartement en curieux désœuvré. Il trouva un livre sur lequel cette dame avait écrit les compliments de bien-venue, qu'elle devait adresser à ses invités. A côté, il y avait l'addition de la dépense qu'on avait fait la semaine précédente dans la maison avec cette note : « Je gagne 15 francs par jour en supprimant les bouquets. » Elles faisaient économie d'argent, ces femmes de ministre ! Quel exemple pour les autres. Elles recevaient simplement, pour recevoir souvent. Il faut mettre les amis un peu chez eux. On pourrait appeler alors le salon de compagnie, le salon de famille, où l'on s'inspirerait de part et d'autre des sentiments généreux d'où résulte l'adoucissement des mœurs, le retour à la concorde sociale, à l'amour du foyer. Que d'argent alors économisé par tous. Il se dépense chaque soir des sommes incalculables qui feraient l'honneur de deux salons dans certaines maisons. Il faut donc réagir contre ce courant ruineux ; c'est à la femme à prendre l'initiative dès les premiers temps de son mariage ; elle priera son mari de faire une liste des amis sérieux, intelligents et sensibles, qu'on pourra avoir. Il faut passer avec eux les longues veillées d'hiver, faire avec eux les promenades de l'été plutôt que de déserter la maison, la femme pour le théâtre, le mari pour le café.

POINT ÉCONOMIQUE. — Unir les cœurs, apprendre l'amitié, développer notre intelligence par ce doux commerce, voilà le point économique des distractions tout énoncé ! A l'œuvre !

L'HYGIÈNE ET LA SANTÉ

> L'ignorance, la négligence, la débauche cachent en embuscade la goutte, la phtisie, l'hydropisie, l'idiotisme et une foule d'autres maladies qui sont l'affaiblissement d'une nation et la désolation des familles.

L'hygiène est l'art de conserver la santé comme la médecine et l'art de connaitre les maladies, de les prévenir et de les guérir.

On sait que les mécaniciens n'emploient jamais de la mauvaise huile de graines pour leurs machines, à cause de sa siccité. Au lieu de lubrifier les organes de leurs appareils, l'huile mauvaise empâte et crassit.

J'en dirai autant du corps humain.

En conséquence, une maitresse de maison donnera de bonnes denrées en grains, huiles, légumes et viandes. Elle se tiendra en règle envers l'heure des repas, veillera que la maison soit approvisionnée d'une eau potable, d'un air renouvelé, mais ne prendra pas ensuite mille précautions exagérées qui nuisent le plus souvent. Son habitation doit être sèche, avoir des ouvertures et du jour.

Par esprit d'économie et d'hygiène on devra bien bâtir si on fait une maison, bien choisir si on prend un loyer.

Chaque pièce devra avoir une fenêtre et une cheminée, ce

qui établit un courant d'air permanent et donne à la chambre une atmosphère pure et favorable aux poumons.

Au lit, on ne doit pas se couvrir chaudement ; on rejettera l'édredon sur les pieds ; si on suait, on attendrait un léger refroidissement pour se lever et pour sortir. En rentrant dans les appartements, on doit toujours ôter son chapeau, son vêtement supérieur et ses bottines fourrées ; d'abord, on userait mal à propos ces choses et ensuite on serait plus frileux au dehors.

On ne doit pas épousseter l'appartement avec un plumeau qui fait voler la poussière partout ; si on la respire elle provoque des rhumes de cerveau fort désagréables ou des enrouements fatigants ; on frottera avec un linge qu'on lavera de temps à autre.

Une femme lavera le matin son visage, son cou, ses épaules, ses bras et ses mains à l'eau froide dans laquelle on pourra verser une petite cuillerée de vinaigre de lavande pour lubrifier les pores.

Elle prendra son bain de pieds et son bain anglais avec de l'eau légèrement tiédie en hiver, froide en été et exécutera ces opérations dans quelques minutes.

Pour tous, le linge ne doit pas rester mouillé sur le corps : « la santé est le premier des biens, » disent des paysans du Rouergue, il faut la conserver par la prudence. La prudence n'exclut pas l'énergie ; on peut aller au vent, au froid, à la tempête, mais « avec le fourniment voulu », comme dit le soldat partant pour la guerre. Il faut alors un manteau à capuchon appelé mantelet ; dans les campagnes, il est fait en drap de ménage, dans nos villes en tissus imperméables (ce dernier vaut de 60 à 100 fr.). On mettra des habits chauds dessous et des chaussures solides.

Pour tous, la promenade est bonne; on sortira trois fois par semaine, et les courses à la campagne seront préférées.

Sachons encore que nous avons en nous deux principes à traiter: la machine matérielle et le moteur vital.

Les savants ne sont pas d'accord sur ce point. Les uns prétendent que c'est l'âme « étincelle partie du foyer divin quand le monde tomba des mains du Créateur »; pour les autres une force nerveuse répandue et vivifiant tout le corps. Laissons discuter les matérialistes avec leurs adversaires; contentons-nous de traiter notre corps et notre esprit, puisque nous nous sentons doubles. Il faut donc s'affranchir par la volonté de tout ce qui courbe, entraine et fatalement fait pencher le corps. L'amour, la jalousie, l'ambition, l'avarice, le jeu sont des passions fatales. Efforçons-nous de vivre avec calme et de commander à nous-même. Prenons le temps comme il vient, et les évènements comme ils sont. Voyez le moineau, tout petit qu'il est : il fait soleil, c'est l'avril fleuri; il se pose sur une branche, chante sa réjouissance, mange et boit ce qu'il lui faut, ne fait point d'orgie, il vit, voilà tout.

Quelques mois se passent, il fait noir, il fait froid, la neige tombe. L'oiseau, où est-il? Il est logé sans peur dans une touffe de feuilles sèches que le vent soulève avec rage, ou dans un trou de muraille comme un prisonnier, ou dans quelque vieille grange. Il lisse ses plumes tranquillement, attendant que les beaux jours reviennent. Avec cette patience on parvient à diminuer la peine, on jouit de ce que l'on a et on arrive à une heureuse vieillesse.

POINT ÉCONOMIQUE. — L'hygiène prévient les maladies et empêche les frais de beaucoup de remèdes.

Boîte Médicinale.

Dans une maison bien ordonnée on aura une petite boîte de 60 centimètres carrés se fermant à clef, où l'on aura soin de conserver certains remèdes de première nécessité. On fera une toute petite provision de chaque ingrédient, attendu que le temps détériore la bonne qualité des remèdes.

Cette boîte sera pourvue :

1° De thé vert qu'on emploiera en infusion pour favoriser la digestion ;

2° Des feuilles d'oranger qu'on utilisera en infusion dans les agacements nerveux, ou maladie fébrile ;

3° Fleur de sureau dont l'infusion favorise la transpiration;

4° Sinapismes Rigollot employés comme révulsif à la peau ;

5° Eau de mélisse des Carmes, pour réconforter ; poudre de quinquina pour faire du vin tonique ;

6° Alcool camphré, pour frictions ;

7° Farine de lin, pour cataplasme émolient ;

8° Un pot de miel, pour les gargarismes ;

9° Quelques cachets purgatifs ;

10° Quelques carrés de thapsia pour les bronchites ;

11° Teinture d'arnica, pour appliquer sur les coups et blessures ;

12° Laudanum, pour frictions sur les nerfs. Pour l'usage intérieur, il faut être prudent, on en met 2 gouttes sur un morceau de sucre dans les tranchées ou coliques ;

13° { Amadou / Collodion } pour arrêter les hémorragies ;

14° Pastilles santonine pour les vers ;

15° Fleurs pectorales : violettes, bourrache, mauves, pour rhumes.

On serrera dans un compartiment :

1° De la charpie ;
2° Des bandes de toile de 0,05 et 0,10 de large et plusieurs mètres de longueur.
3° Des tablettes de carton pour appareil de fouluro ;
4° Des épingles longues et minces, dites du docteur, pour rapprocher les chairs en cas de coupure ;
5° Des feuilles de ouate non glacées ;
6° Quelques vieilles serviettes pour compresses ;
7° Des morceaux de vieux rideaux de mousseline pour cataplasme ;
8° 1 flacon huile olive surfine pour adoucissements ;
9° 1 pot de vaseline, en cas de brûlures, ulcères, pour calmer les démangeaisons ;
10° 1 crayon de nitrate d'argent pour les cautérisations ;

PURGATIF

Les purgatifs les plus usités sont : le sulfate de magnésie, l'eau de sedlitz, l'huile de ricin, la rhubarbe, les feuilles de séné, l'eau de Pulna. On doit les prendre à jeun, se tenir chaudement toute la journée et ne pas charger son estomac qu'il faut traiter en convalescent.

CATAPLASME

Le cataplasme doit être mis un peu plus que tiède, il sert à calmer les irritations, à humecter les plaies. On le fait en délayant la farine de lin avec un petit verre d'eau.

SINAPISME

Si, au lieu de papier Rigollot, on prend de la moutarde en

poudre, on la délayera, avec un filet d'eau et non de vinaigre, on fera un cataplasme de 1 centimètre d'épaisseur et on l'appliquera au pied s'il s'agit d'une fièvre, à la poitrine ou au côté s'il s'agit d'un rhume. Pour atténuer la démangeaison de la moutarde, on enduira de beurre un papier buvard et on le placera entre la peau et la moutarde.

FRICTIONS

On frictionne avec les mains ou avec de la flanelle, là où l'on veut activer la fonction de la peau, détendre les nerfs, fortifier l'économie.

MASSAGE

On pétrit en quelque sorte avec délicatesse les muscles, pour leur donner de l'élasticité, pour activer la circulation du sang; on donne ainsi de l'énergie aux fonctions vitales.

SYNCOPE

Il existe un préjugé qui est d'asseoir les personnes qui se trouvent mal, on doit l'éviter; on couchera les personnes horizontalement, la tête légèrement penchée, on ouvrira les bras, le corset, afin de donner aux fonctions du cœur l'air désirable.

On remettra, encore, le malade en lui donnant de l'air, on frictionnera le cœur et les tempes avec de l'alcool camphré additionné d'eau. On le dépouillera et on le placera dans un lit chaud, dès qu'il sera remis.

NOYÉS

On leur ôtera les habits, on leur tournera la face contre terre et la tête un peu penchée pour leur faire rejeter l'eau qu'ils pourraient avoir bu. On leur donnera un cordial et on ira chercher un docteur, s'il ne pouvait le prendre.

EMPOISONNÉS

On leur fera boire du lait en quantité, et on administrera 5 centig. émétique pour provoquer un vomissement. Si les douleurs épigastriques continuaient, on appellera un médecin.

BRULURES

On tâchera de soustraire à l'air la partie endommagée au moyen de coton imbibé d'huile qu'on changera tous les jours, s'il survenait une supuration.

ASPHYXIE — APOPLEXIE

On provoquera la respiration artificielle en soulevant les bras automatiquement et les laissant retomber doucement sur les côtés, on desserrera les dents, on appliquera des ventouses sur la poitrine ou sur le dos; comme ventouses, on prendra un verre conique, on allume un bout de coton dans le fond, on le renverse sur la peau qui est attirée et se soulève dans le goulot du verre.

On scarifie légèrement sur la ventouse avec un bon canif ou un rasoir.

BAINS FROIDS

Dans les contrées intertropicales, les bains froids sont nécessaires pour débarrasser la peau des substances déposées par la sueur excessive et favoriser ainsi les fonctions des glandes sudorifiques. On doit les prendre 4 heures après ses repas et forts courts, c'est-à-dire qu'on se retirera de l'eau avant que la sensation du frisson, qu'on a ressentie en y entrant, disparaisse. On évitera les rayons solaires qui pourraient occasionner des congestions cérébrales. Ceux qui ont une maladie de cœur ou la poitrine délicate s'abstiendront des bains froids.

BAINS TIÈDES

Ils doivent avoir de 28 à 30° centigrades de chaleur; ils calment et délassent, ils sont bons pour tous.

BAINS CHAUDS

Ils débilitent, ils fatiguent et ne valent rien pour la goutte et les rhumatismes, comme certains le croient.

Il vaut mieux, dans ces cas, des bains de vapeur.

GARGARISME

On les fait pour dépouiller les cavités buccales des mucosités morbides. On emploie l'eau salée en cas d'engorgement ou enflure des gencives, l'eau vinaigrée dans les ulcérations.

MACÉRATION

On laisse mijoter dans l'eau froide, dans l'alcool, dans l'huile les plantes indiquées.

DÉCOCTION

On laisse bouillir dans le liquide les plantes médicinales.

INFUSION

On verse de l'eau bouillante sur les plantes dont on veut prendre tisane.

TEMPÉRAMENT SANGUIN

Caractérisé par l'activité et la régularité de la circulation, c'est le meilleur des tempéraments et le plus favorable aux développements de l'organisme; s'il ne devient pas pléthorique, c'est-à-dire gras, lourd. Il est peu sujet aux maladies chroniques.

Traitement. — Beaucoup de mouvement, pas de boissons alcooliques, peu de viandes noires.

TEMPÉRAMENT LYMPHATIQUE

Les individus chargés de lymphes ont souvent leur structure mal conformée. La colonne vertébrale déviée, les différentes parties du corps ne sont pas proportionnées, le système musculaire peu développé et sans activité.

Traitement. — Grand air, huile de foie de morue, phosphate de chaux, viandes saignantes.

TEMPÉRAMENT BILIEUX

La peau est jaunâtre, les muscles vigoureux, la charpente fortement osseuse, très développée, ils ont le foie maladif sans conséquence grave.

Traitement. — Régime varié, légers purgatifs, travail modéré, distraction.

TEMPÉRAMENT NERVEUX

Caractérisé par l'irrégularité des fonctions, la mobilité de l'esprit et des sens, ce tempérament exerce sur la majeure partie des maladies un rôle influent.

Traitement. — Hydrothérapie, promenades, vie de famille, travail intellectuel, sérieux et court.

Dans le mariage, on doit éviter l'union de tempéraments similaires.

Le corps humain doit garder une température de 37 à 38 degrés centigrades.

Dans tous les malheureux cas de fièvre, d'empoisonnement, d'anémie longue, de blessures graves ou accidents, dans les maladies chroniques qui sembleraient augmenter, on consultera un praticien, on donnera au malade les secours de sa religion, on n'attendra pas que le malade soit déjà mourant. Le médecin est trop honnête homme pour revenir le lendemain s'il juge que la maladie est bénigne.

Si toutefois vous ne le désirez plus, offrez-lui les honoraires pour la visite faite et il attendra certainement que vous reveniez le chercher. Il est délicat de ne pas changer son docteur sans l'avoir réglé. On ne doit pas avoir dans la même maladie deux médecins sans les prévenir. On risquerait même, dans ce cas, des malentendus d'ordonnance préjudiciables.

Ainsi, évitez les sots préjugés qui sont surtout répandus dans les classes ordinaires, tels que : « M. le docteur se fâchera si nous lui demandons de venir avec son confrère, la prochaine fois ».

Tous les médecins sont parfaitement heureux d'avoir une conférence avec un ou plusieurs confrères, si les parents d'un malade le désirent : c'est ce que nous appelons tous une consultation.

Il est bon de communiquer au médecin quel confrère on lui choisit. En un mot, on prendra son avis là-dessus.

Lorsque le médecin a fait son ordonnance et vous l'a remise, il faut la faire exécuter au lieu de l'examiner et de la passer au crible, l'approuvant, la désapprouvant ; souvent on vous fera mettre cette ordonnance de côté, pour vous conduire chez la sorcière ou le devin.

Un jour, un docteur avait fait une ordonnance. Il revient chez son malade, croyant la potion déjà prise ; il s'agissait d'une affreuse névralgie faciale. Le praticien trouve la malade couchée et avec une bosse énorme sous le bonnet de nuit.
— Qu'avez-vous fait là, madame ? Celle-ci se trouble et rougit.

4

Voyons, dit le médecin, et il s'approche pour dénouer le bonnet. — Oh! monsieur, dit celle-ci, ne touchez pas cette amulette. C'est une patte et une cuisse de poulet que j'ai mises sur la tête pour enlever le mal. Il faut que je les garde jusqu'à ce que la pauvre bête, qui est dans un placard, soit morte. — Et l'ordonnance, dit gravement le médecin. — Je n'ai pu la faire en même temps que celle de la Manouillette. — Qu'est-ce que la Manouillette, dit le docteur? — Vous ne savez donc pas? La femme à Jean-Baptiste. Elle est capable, tout le monde va la consulter, elle le fait pour rien, mais j'étais si mal qu'elle m'a fait payer 20 francs..... oui, 20 francs et le poulet. — Alors, brave femme, j'ai étudié pour être..... un âne. — Oh! non, monsieur le docteur. — Alors que suis-je, puisque vous mettez mes ordonnances au fond de votre poche et que vous suivez ses conseils!... La malade fit mille excuses, remplit l'ordonnance tout de suite et guérit, mais persuadée que la patte de poulet l'avait sauvée.

Méfiez-vous du savoir-faire qui prime le savoir et la science; vous vous laissez aveugler et, alors, toutes les bêtises, les sottises, les indiscrétions, les calomnies vous semblent justes, raisonnables, nécessaires.

Le médecin, pour obtenir ces diplômes, a dû travailler; il y a employé son temps, son intelligence, sa santé! S'il vous dit quelque chose, s'il écrit sur un papier, il sait ce qu'il dit, ce qu'il écrit, comme lorsque vous parlez de faire votre pain ou votre lessive. Ne vous fâchez pas s'il vous dit de rudes vérités. C'est qu'il est honnête avant tout. Ne l'appelez pas orgueilleux s'il ne vous salue pas dans la rue. Le médecin ne connait jamais ses clients au dehors, c'est une discrétion bienveillante parfois. Ensuite, s'il s'en va le front penché vers la terre, c'est qu'il demande toujours à la réflexion une découverte thérapeutique dans votre intérêt. Lorsque vous faites le marché, pensez-vous seulement au voisin qui vous touche ?

Lorsque après un an, le docteur vous envoie sa note, vous devez aller bientôt lui régler ses honoraires et le remercier. Cela aurait dû se faire dans le mois qui suit la guérison de la maladie. Les médecins ont besoin de leur gain. Presque tous ont beaucoup dépensé pour arriver à leur situation, presque tous sont mariés et ont une femme et des enfants à élever dans l'ordre de leur vie sociale, et c'est leur travail qui suffit à ces grosses dépenses.

Après avoir réglé le médecin, il ne faut pas croire être libéré ; on doit garder de la reconnaissance pour tous ceux qui vous font du bien. Aimez le médecin qui vous soigne, l'avocat qui défend vos droits, le maire qui reçoit votre enfant à son entrée dans la vie civile, le prêtre qui le baptise, l'instituteur qui l'enseigne, en un mot, respectez la science et toute autorité, et vous serez content de vous-même.

HYGIÈNE DE L'ENFANT

> La santé est le capital du pauvre et la meilleure rente du riche.
> L. V...

Propreté.

L'enfant a une hygiène particulière qui, d'abord, est la propreté. On doit chaque matin le laver avec une petite éponge douce rapidement, à eau légèrement tiédie en hiver et saturée de vinaigre ; on changera souvent ses langes ; on ne les chauffera jamais. On enlèvera de sur sa tête l'enduit crasseux qui s'y trouve en l'humectant la veille avec une cuillerée d'huile de ricin ou d'amandes. On brossera la tête le lendemain et on la lavera avec de l'eau saturée d'eau-de-vie. On aura soin de bien la sécher. A n'importe quel âge, on fera cette opération et on la renouvellera chaque mois pour préserver l'enfant des parasites du cuir chevelu. Si l'enfant met des croûtes, on les tient propres et humides pendant 15 jours ; après ce temps, on cherchera à les faire sécher et tomber, en saupoudrant avec de la poudre antiseptique de l'*Economie domestique*. Si l'enfant s'échauffe, on le couchera sur une poignée de son qu'on changera souvent.

MAILLOT. — On a le mauvais usage de serrer l'enfant au maillot. Aussi J.-J. Rousseau nous reproche de mettre l'enant en presse dès la naissance. « Il pleure, dit-il, parce que vous le contrariez dès qu'il voit le jour. Ils n'ont de libre que la voix. Pourquoi ne s'en serviraient-ils pas pour se plaindre. Si on vous garrottait, vous crieriez plus fort qu'eux. Nous ne nous sommes pas avisés de mettre au maillot les petits chiens et les chats. Voit-on qu'il résulte pour eux quelques inconvénients de cette négligence. Les enfants sont plus lourds, d'accord, mais en proportion ils sont plus faibles, à peine peuvent-ils se mouvoir, comment s'estropieraient-ils? Si on les étendait sur le dos, ils mourraient dans cette situation comme la tortue sans jamais pouvoir se retourner. » On doit le serrer très peu. Si on craint qu'il se découvre on fera une robe longue en percale ou laine qu'on serrera au cou et sous les pieds par un cordon, sinon on attachera encore les couvertures du lit avec des boutonnières ou des cordons liés aux bords du berceau, sans toutefois presser sur le corps de l'enfant cette attache, elle exercerait une pression partielle mais fort préjudiciable.

Alimentation

Il est recommandé plus haut à la mère de nourrir son enfant. Cependant, comme il peut y avoir des cas exceptionnels qui empêchent ce devoir, cette satisfaction, on suivra l'avis de son docteur pour le choix d'une seconde mère. Mais si l'enfant est bien portant on peut l'alimenter en lui donnant le biberon, ce qui est un très bon procédé lorsqu'il est appliqué avec intelligence. On aura d'abord l'appareil très propre, on le lavera après chaque repas avec de l'eau fraîche dans laquelle on aura eu soin de faire dissoudre un grain d'acide tartrique. De un à deux mois on lui servira chaque deux heures du lait de chèvre, d'ânesse ou de vache, coupé par une cuillerée d'eau bouillie avec quelques grains de riz.

On suivra cette règle d'alimentation en donnant toutefois du lait pur après cette première période.

Il serait utile de donner le lait non bouilli, étant plus digestif, si on connaissait parfaitement la santé de la vache qui le fournit; mais comme il existe beaucoup de bêtes à corne phtisiques, on aura la prudence de faire bouillir le lait afin de détruire tout germe tuberculeux s'il existait. On tâchera de conserver le lait au frais. L'enfant, s'il est bien portant, en prendra un demi-litre à trois mois, un litre à cinq, deux litres à dix et près de trois litres à quatorze mois. Jusqu'à cette époque, on doit le tenir exclusivement au lait frais et pur. Alors on lui donnera des œufs crus ou cuits, de petites soupes; à dix-huit mois, des viandes et enfin à deux ans révolus on peut l'alimenter comme une petite femme ou un petit homme en jupons. Si on lui donne des farineux dès le bas âge, il pousse des croûtes; le ventre se développe excessivement, au dépend de toute l'économie de l'enfant; il survient la maladie : le *carreau*; avec d'autres aliments, il peut avoir de petites indigestions. On administrera à l'enfant, chaque semaine, 2 cuillerées de sirop de chicorée ou de miel. Dans le cas de cholérine qui se manifeste par des vomissements et des selles abondantes, on appellera le docteur et, en l'attendant, on fera avaler gros comme un fort pois d'un mélange composé par égales parts de poudre d'écorce de grenade et d'assafœtida qu'on mettra entre deux petites tranches de confitures pour cacher le goût amer; on donnera une cuillerée d'huile de ricin si le mal persistait, et de petits lavements d'amidon dès le lendemain de ce léger purgatif. On leur fera prendre de temps en temps du semen-contra comme vermifuge. Dans les crises de somnolence, on appliquera sur le ventre un cataplasme antivermifuge composé :

Grain d'ail.......................... 20 gr.
Camphre pulvérisé .... 5 gr.
RASPAIL.

Les gateaux doivent être servi rarement aux enfants. Outre qu'ils favorisent le caprice gourmand et dépensier, ils peuvent être nuisibles. Le gateau pétri au beurre est indigeste, le gateau sec a la propriété de se gonfler énormément au contact des sucs gastriques. On en éprouvera du malaise.

Jusqu'à dix mois, on porte l'enfant sur les bras et on le pose souvent sur une couverture, par terre. Laissez-lui lever jambes et bras, cet exercice le rendra fort. Frictionnez-le de temps en temps avec une décoction de feuille de noyer pour lui fortifier les reins, et ne le faites marcher que lorsqu'il pourra se soutenir parfaitement. L'enfant risque de tomber si on le dépose trop tôt à terre et, dès lors, l'instinct de sa conservation lui défend d'avancer, ce qui retarde sa marche.

On doit enseigner l'enfant à faire ses premiers pas. Pour cela, on lui donnera des appuis soit avec les chaises, les meubles et surtout la main. On lui mettra une coiffure appelée bourrelet afin qu'il ne se fasse pas des bosses, s'il venait à se laisser tomber, et on lui fera alors les jupes très courtes. La culotte doit être enlevée ou relevée suffisamment pour que l'enfant ne soit pas gêné entre ses jambes. Ce serait au père et à la mère à enseigner le bébé à marcher. C'est une jouissance douce qui leur appartient ; pourquoi donner le bonheur intime aux étrangers ?

Cependant à ces moments le cœur de la mère se serre, tout en étant heureuse d'envoyer son enfant vers le père qui l'attend, elle réfléchit tristement que, dès ce jour, Victor s'éloigne d'elle, et plus il grandira, plus elle le perdra parmi les grands enfants.

Dans la journée l'enfant doit beaucoup jouer, sortir pour des promenades, il est la fleur qui s'étiolerait sans soleil et sans vie extérieure; si on pouvait l'envoyer comme Henri IV dans un Béarn quelconque, ce serait parfait.

Vaccination.

Si les docteurs faisaient toujours les vaccinations, nous ne traiterions pas ce sujet dès la base. Mais comme toute personne est autorisée, nous dirons qu'on fera vacciner l'enfant à deux mois. Il y a diverses vaccinations; certaines vaches ont sur le pis des boutons qu'on appelle cowpox. Si on peut le recueillir, c'est le vaccin. On l'inoculera à une génisse, et le vaccin de la génisse sera donné à l'enfant qui pourra le fournir, à son tour, pour beaucoup d'autres.

Il est utile cependant de connaître l'hérédité de l'enfant qui propage le vaccin; il faut que les parents soient bien portants et que lui-même jouisse d'une excellente santé. Il faut choisir les saisons d'automne ou de printemps pour faire vacciner un enfant. Les grandes chaleurs augmentent la tuméfaction du bras. Il ne faut pas baigner l'enfant ni laver ses bras tant qu'il a la fièvre ou que les croûtes ne sont pas tombées : On le gardera dedans tout le temps de la petite fièvre. Si le vaccin ne prend pas, on réitèrera l'opération. Pour s'assurer si la vaccination est bonne, on suivra ces détails : les premiers jours la piqûre est insignifiante, le troisième jour elle ressemble à une piqûre d'épingle avec une auréole rosée; vers le cinquième jour, la teinte devient plus rouge et saillante, il se forme une sérosité très claire, c'est le vaccin qu'on peut distribuer à d'autres sujets à ce moment-là. Le huitième jour l'auréole s'étend enflammée et douloureuse. Au neuvième jour, la pustule est à son dernier degré de développement. L'enfant est hargneux et brûlant. A partir du onzième jour, le bouton prend une croûte noire qui cache un peu de pus qui ne sert pas de vaccin. Du vingtième au trentième jour, ces croûtes tombent et laissent à découvert une cicatrice qui ne s'efface jamais.

Aussi, on fera vacciner les jeunes filles près de l'épaule ou sous le bras afin que si elles vont dans le monde en manches courtes, cette fleur préservatrice ne paraisse pas. La fausse vaccine est enflammée les deux ou trois premiers jours et disparait. Lorsqu'on prie les parents de laisser prendre du vaccin sur leur enfant, ils ne doivent pas hésiter. On dégorge le bras du premier malade, ce qui le soulage; de plus, le vaccin agissant efficacement sur le bras du second patient, on est sûr que la vaccination de l'enfant a été réellement bonne.

Dentition.

L'enfant qui vient au monde avec des dents effraie les parents. Cependant nous avons des preuves historiques qui nous rassurent. Louis XIV avait quatre dents en naissant; Mazarin, Mirabeau, et de nos jours le docteur Broca, sont nés avec des dents; s'ils ont crié aussi fort que les autres enfants, ils n'ont jamais été plus méchants. Il y en a qui n'en ont qu'à deux ans. Les docteurs s'accordent à préciser les époques où percent les dents.

Au septième mois, on voit apparaître les incisives centrales, inférieures. Au dixième mois, les supérieures.

Au seizième, les latérales inférieures.

Au vingtième, les latérales supérieures.

Au vingt-sixième, les prémolaires inférieures.

Au vingt-huitième, les prémolaires supérieures.

Du trente au trente-cinquième, apparaissent les molaires, les canines supérieures et inférieures.

La dentition des filles est plus précoce. La première dentition que l'enfant perd la septième année ne compte que vingt dents.

A cinq ans il pousse à l'enfant quatre molaires qui font partie des dents de la seconde dentition parce qu'elles durent toute la vie. Si durant la dentition l'enfant a des vomissements, des insomnies, des diarrhées, on fera préparer la potion suivante :

Eau de rose....................	5 gr.
Eau de fleurs d'oranger..............	5 gr.
Eau de laitue....................	85 gr.
Sirop de gomme..................	10 gr.
Sirop diacode....................	10 gr.

F. H. P.

On donnera de cette potion d'heure en heure, si l'enfant est bien malade, par cuillerée à café.

Dans le cas de simple malaise, 4 à 5 cuillerées par jour. Dans les bronchites légères, on appliquera 20 centimètres de sparadrap sur la petite poitrine. En cas de fièvre et d'oppression, on appellera un médecin.

Si cette fièvre était occasionnée par la dentition, ce dernier verrait s'il n'a pas à débrider la gencive, c'est-à-dire faire une incision qui favorise l'éruption de la dent à l'extérieur. On frictionnera la gencive avec du :

Miel........................	25 gr.
Poudre de safran................	25 centigr.
Sel fin......................	3 gr.
Laudanum de Sydenham..........	4 goutt.
Fécule de riz..................	5 gr.

F. H. P.

On mettra à la main de l'enfant un baton de réglisse de bois ou de la guimauve. L'os, l'ivoire, l'argent irritent la gencive et par le frottement durcissent la peau, ce qui rend plus difficile la sortie des dents.

Comme conclusion de l'hygiène de l'enfant nous reproduisons les spirituels commandements de Lucine :

>Ton fils, toi-même nourriras,
>Afin qu'il vive longuement !
>
>Autour de lui ménageras,
>D'air frais et pur un bon courant !
>
>Avec grand soin éviteras,
>Tout bruit dans son appartement !
>
>Dans le maillot tu serreras
>Son petit corps modérément !
>
>Dix fois par jour le laveras
>Afin qu'il vive proprement !
>
>S'il s'échauffe toi tu boiras
>Deux ou trois tasses de chiendent !
>
>S'il a le flux, lui pousseras
>D'amidon vite un lavement !
>
>Poudre de riz tu lui mettras
>Pour le garer du frottement !
>
>Force éponges prépareras
>Dans tous les cas et accidents !

DE LA BEAUTÉ

(Extrait de l'œuvre d'un célèbre docteur contemporain).

Tout se tient dans la nature : santé, amabilité, beauté. La femme qui se porte bien, qui est spirituelle et jolie sera heureuse, gaie comme si l'empire du monde lui était soumis. Toutes n'ont pas ces attributs, mais en suivant ces préceptes, toute femme soigneuse pourra être comptée sinon parmi les plus belles, du moins parmi celles capables de convenir beaucoup. Si avec ces avantages elle est honnête et bonne, elle se mariera selon ses goûts, sera aimée autant que respectée et plus tard de charmants enfants viendront former autour de la gracieuse mère comme une guirlande d'amours ou de petits démons blancs et roses qui attireront sur sa tête toutes les bénédictions du ciel.

Une stature moyenne, le cou blanc et uni, dégagé, les épaules carrées, la poitrine large et convexe, la taille ronde, robuste, fine sans excès, la main et les pieds longs et petits, les doigts allongés, arrondis en forme de fuseaux, les ongles roses, convexes et placés droit, voilà les formes qui font la femme belle.

Ajoutez encore que la tête ne doit être ni trop grosse ni trop petite; le visage d'un bel ovale est celui qui se conserve le plus longtemps jeune et beau.

Le front doit être découvert, uni.

Les yeux furent de tout temps appelés le miroir de l'âme;

quelquefois ce sont eux qui donnent l'expression à la physionomie.

Les yeux les plus beaux doivent avoir un regard franc, droit, être à fleur de tête, sans être saillants, en boules de loto, ni trop enfoncés. La distance d'un œil à l'autre doit égaler la longueur d'un œil. Le blanc de l'œil appelé sclérotique doit être légèrement azuré à l'instar des plus belles perles orientales, sans veines et sans taches jaunes ou rouges. La couleur de la prunelle la plus agréable est celle qui se rapproche d'un azur vif ou d'un noir brillant ; un bel azur est préféré chez la femme, le noir convient aux hommes.

Les paupières doivent être d'une grande blancheur, leurs extrémités ornées de cils longs, épais, noirs et brillants ; les paupières rouges, tuméfiées sont affreuses. Les sourcils doivent former un sixième de cercle, être épais au milieu et s'affiler insensiblement jusqu'à leurs extrémités.

Les sourcils doivent être séparés l'un de l'autre d'un bon travers de doigt. Quand ils sont unis, il faut les séparer. Les sourcils trop épais et trop larges donnent au visage un aspect commun et dur ; il est facile de les diminuer par l'épilation. Quelle que soit la couleur des yeux et des cheveux, les sourcils doivent être noirs ; les cheveux doivent être abondants, forts, sans être gros ni rudes, ils doivent être régulièrement plantés, pas trop avancés sur les tempes et surtout ne couvrant pas trop le front.

Les cheveux châtains sont ceux qui conviennent le mieux aux femmes ; ensuite les blonds, puis les noirs ; ces derniers sont les plus convenables pour les hommes.

Un joli nez contribue beaucoup à la noblesse du visage ; il ne doit être ni trop petit, ni trop long ; un gros nez est disgracieux ; un grand nez est plus tolérable chez l'homme que chez la femme ; cependant un trop petit nez ne rappelle pas assez les races antiques ; il est fort commun. Le nez doit être d'une blancheur rosée, mais non rouge. Les narines doivent être régulières, un peu roses, dépourvues de poil.

Une oreille petite, transparente et rosée est un type de beauté. Elle ne doit pas avoir plus de deux pouces et demi de hauteur sur un pouce et demi de largeur.

La distance entre le nez et la bouche ne doit pas être grande. Une belle bouche est plutôt petite que moyenne. Une bouche trop grande est une imperfection des plus désagréables, la grandeur la plus convenable de la bouche est une fois et demi la grandeur de l'œil. Elle doit être bien dessinée, les lèvres gracieusement arrondies, pas trop épaisses ni trop minces, d'une couleur rose vif, presque rouges sans tourner au carmin comme les lèvres peintes. Les fossettes aux angles de la bouche et du menton, lorsqu'elles ne sont pas trop fortement dessinées, font un effet gracieux ; aussi sont-elles appelées « nids d'amour. »

S'il survient aux mains de petites verrues, qui sont incommodes et désagréables, pour s'en débarrasser, on baignera la main affectée dans l'eau chaude pendant une demi-heure, puis on enlèvera toute la partie rugueuse qui sera devenue blanchâtre et insensible ; mais toutefois sans la faire saigner, puis on touchera les verrues dénudées avec la pierre infernale ou nitrate d'argent, ou avec une goutte d'acide nitrique, et les verrues disparaîtront.

On agira de même pour les cors aux pieds ; il faut toutefois avoir soin de mouiller légèrement le cor avant d'y passer la pierre infernale; après quelques jours, on peut enlever la totalité du cor.

Il n'est pas un organe plus délicat que les yeux ; il n'en est pas un qui mérite plus de soin et d'attention. Les veilles prolongées, les excès de tout genre, l'attention de l'esprit qui fixe le regard longtemps sur le même objet, une lumière trop vive, le passage subit de l'obscurité au grand jour fatigue considérablement la vue et altère l'éclat et le brillant des yeux. Le grand air, les promenades dans les lieux ombragés, les distractions agréables, une lumière douce sont favorables à la conservation de la vue.

Pour la conservation des yeux et pour augmenter leur pureté et empêcher une foule d'indispositions qui altèrent leur beauté, on fera bien de les baigner dans de l'eau de roses. Il ne faut jamais se servir d'eau chaude, pour les laver ou baigner, ainsi que d'autres préparations émollientes, qui sont toutes funestes pour ces organes. La rougeur ou l'inflammation des paupières se rencontrent souvent. L'aspect de ces petites ophtalmies nuit considérablement à l'ensemble de la physionomie ; si elles sont habituelles, on ira consulter le docteur.

Le nez est sujet à plusieurs indispositions, comme des points noirs, des rougeurs, des écoulements internes. Pour faire passer les points noirs, il faut prendre une brosse à dents très douce, la mouiller, la passer sur du savon et brosser légèrement avec cet outil. On fera sortir les points noirs en les pressant délicatement entre ses ongles.

Les lèvres séduisantes perdent leur attrait quand elles laissent voir des dents jaunes, irrégulières, malsaines, noires, ou des gencives malades.

Les brosses trop dures enlèvent l'émail des dents. En négligeant de soigner ses dents on les perd promptement, elles se chargent de dartres, se jaunissent et se gâtent. L'acrimonie du sang, toutes les maladies en général, les aliments acides, les liquides trop chauds ou trop froids, surtout pris au même instant, sont la cause principale des maladies de gencives et caries des dents.

On se lavera tous les matins les dents avec une brosse douce et de l'eau froide, contenant un sixième d'eau-de-vie ordinaire. Si vous faites enlever les tartres des gencives par un dentiste, ne lui permettez pas de vous blanchir les dents à la minute, ils emploient à cet effet des acides nitriques ou hydrochlorhydriques, deux poisons pour l'émail des dents.

Ne vous lavez jamais la figure avec de l'eau tiède; l'eau froide, seule, conserve le teint et la douceur de la peau. Le lait froid convient aussi. Après s'être lavé avec du lait, on doit de nouveau se laver à grande eau. La pâleur exagérée, les carnations jaunes proviennent ordinairement d'une maladie bilieuse ou de la faiblesse du sang. On devra se traiter convenablement, suivant les avis d'un docteur, et l'on pourra reconquérir la fraîcheur, qui est un attribut de la beauté. On fera de même, si la peau est rouge, tuméfiée; on est sous l'empire d'une irritation quelconque.

Les dents doivent être petites, un peu distantes les unes des autres et bien alignées, leur blancheur doit être égale à l'émail le plus brillant.

La blancheur de la peau est à désirer; les joues, les oreilles, le menton, le dessous de l'extrémité des doigts doivent être de couleur rosée; les oreilles et le menton doivent l'être moins que les joues. La peau doit être unie, sans taches d'aucune sorte, sans aspérités ni « peau d'oie » permanente, sans points noirs, ni rougeurs, ni boutons.

Si être maigre est un défaut, être trop grasse l'est encore bien davantage. La perfection consiste à être potelée avec des formes arrondies, c'est-à-dire ni trop grasse ni trop maigre, et le tout proportionné à la stature.

Moyens propres à remédier aux irrégularités de la beauté et à corriger la laideur.

Les personnes trop grandes sont généralement sans grâce et sans tournure ; on peut rémédier en quelque sorte à ce défaut et le dissimuler en donnant à son maintien un certain laisser aller, au lieu d'affecter la raideur, comme le font trop souvent les personnes de haute stature.

On dissimule aussi la trop haute taille en se grossissant au moyen de robes ouatées dans l'hiver, et de vêtements légèrement serrés dans l'été. Les personnes trop grandes doivent éviter d'être pincées dans leurs vêtements; elles doivent choisir des coiffures basses et ne pas porter de bottines à hauts talons, leur jupe ne doit pas être trop courte. Elles doivent, aussi, dans les promenades, éviter de se mettre à côté des personnes les plus petites de la société.

La stature trop petite est un défaut moins désagréable, surtout chez la femme; mais si, d'un côté, elle lui donne plus de gentillesse, elle lui enlève de la dignité et de la noblesse. Les petites femmes doivent se tenir droites, quoique sans raideur, elles doivent se faire une coiffure plus élevée, mais sans exagération et découvrant le front. Elles doivent être vêtues court et à l'étroit ; elles porteront des bottines à hauts talons en ayant soin de se faire mettre dedans une double semelle assez épaisse pour mettre le pied à la hauteur avec le talon.

La maigreur est incompatible avec la beauté; on ne peut avoir sans embonpoint ces formes enchanteresses, qui semblent modelées de la main des grâces.

Quand la maigreur est la conséquence de maladies chroniques ou de douleurs secrètes, il faut d'abord ou guérir la maladie ou éloigner la cause des chagrins; quand celle-ci provient de l'âge avancé, il faut s'en consoler en pensant avec sagesse qu'on a fait son temps. Une des conditions indispensables pour prendre de l'embonpoint, c'est d'éloigner de soi toutes les causes de peines morales et de vivre en dehors des passions vives, violentes et tristes.

Manger souvent, sans toutefois trop surcharger l'estomac; les œufs frais, les consommés, le poulet et le bifteck, ou bien on boira du bon lait et on prendra le matin du chocolat.

On se privera des choses sucrées et épicées; on prendra, chaque matin, un bain de dix minutes; on s'abstiendra de liqueurs, de café et de thé; on boira du vin rouge vieux, coupé avec trois quarts d'eau.

Avec ce régime, on acquiert assez promptement l'embonpoint désiré.

Si la maigreur est un défaut, l'excessif embonpoint n'est pas une imperfection moindre. L'une se dissimule encore mieux que l'autre; non seulement le trop d'embonpoint détruit toutes les grâces du corps, mais il rend l'esprit pesant, la marche fatigante, sans compter bon nombre d'inconvénients bien plus graves encore : les prédispositions à l'apoplexie.

Les meilleurs moyens pour combattre ce défaut consistent à ne faire usage que d'aliments végétaux, légers et aqueux; les épinards, l'oseille, les asperges, la salade, les fruits secs, le tout très salé et très épicé; s'abstenir autant que possible de viandes, d'œufs et de lait; se lever matin, se coucher très tard; faire de longues promenades à pied et les prolonger chaque jour davantage, se distraire, aller, venir, ne pas rester sur son canapé ou dans un fauteuil à lire ou à broder;

parler beaucoup, exciter la transpiration, prendre du thé et du café très sucré.

Toutes les personnes qui ont des boutons, des petits dartres, des rougeurs, des ardeurs au visage, doivent s'abstenir de liqueurs, de vin pur, de café, de thé; elles doivent faire un usage longtemps prolongé de sirop dépuratif de l'*Economie domestique* à la douce-amère, étendu d'eau, et se passer, sur les parties affectées, de la pommade antiherpétique de l'*Economie domestique* à l'héliotropine; elles se débarrasseront ainsi promptement de ces désagréables inconvénients.

On opérera de la même manière pour les crevasses aux mains, les petites excroissances, toutes les rugosités de la peau, ainsi que pour les engelures.

Le front, les tempes, les paupières, le nez, le dessus de la lèvre supérieure, le dessous de la lèvre inférieure doivent être d'une blancheur légèrement animée. Les joues rouges donnent un air commun et dur à la physionomie, celles d'un rose tendre sont jolies; celles d'un blond animé sont préférables. Le visage prend un air de finesse et de distinction qui sied à merveille à la femme.

La manière de marcher doit avoir un certain calme, pour être naturelle. Il n'y a rien de ridicule comme de voir une petite femme multiplier une infinité de petits pas sans aller plus vite, ou une femme de haute stature marcher en longues enjambées. Toute raideur enlève de la grâce, les bras, les mains et les doigts doivent être un peu courbés et séparés l'un de l'autre, mais cependant sans l'être trop. Des physiologistes ont dit qu'il y avait des pieds stupides, ils ont voulu dire, je pense, qu'ils annonçaient la stupidité, cela est un peu vrai. Ceux qui marchent la pointe des pieds en dedans perdent toute distinction. On peut en dire à peu près autant de ceux qui ont les genoux un peu rapprochés l'un de l'autre.

L'expression de la physionomie doit être naturelle dans toutes les circonstances; ceux qui se comportent dans la société comme des acteurs sur un théâtre cessent de nous être sympathiques.

Une des plus grandes preuves d'esprit qu'on puisse donner est de savoir se faire remarquer sans y mettre la moindre affectation. Tout ce qui tend à détruire le calme et l'harmonie des traits porte une atteinte à la beauté et la fait descendre du piédestal sur lequel la nature et la société se sont plû à l'élever.

En terminant notre Morale domestique, rappelons, au sujet de la femme, ces vers du poète. Il dit :

> Au terme du voyage, enfin elle arrive,
> Souvent seule et n'ayant pas un cœur pour appui.
> Elle a toujours aimé tout le long de la rive,
> Elle a toujours souffert pour elle et pour autrui.
> Qu'importe, elle jouit du bien qu'elle a pu faire,
> Et, remerciant Dieu de sa tremblante voix,
> Répète en s'endormant après une prière,
> Vaut mieux beaucoup aimer et pleurer quelquefois.

PREMIÈRE NOTION D'ÉCONOMIE POLITIQUE

Nous ne saurions terminer notre livre sans y mettre un chapitre traitant l'Economie politique. Nous sommes obligés de vivre en société autant qu'en famille. Il est juste et nécessaire de savoir y tracer son chemin. L'appréciation que nous ferons sur les denrées alimentaires, les accessoires de notre habitation appartiennent à cette branche de la science : En parlant de la première, Frédéric Passy dit : « Nous ne pou-
« vons vivre sans en faire chaque jour ; nous travaillons, nous
« achetons, nous consommons, nous vendons, nous prêtons,
« nous empruntons, nous recevons un salaire ou nous en payons
« un, nous possédons, nous transmettons, nous héritons ; nous
« *vivons* en un mot, car tous ces actes sont les conditions
« même de l'entretien et du développement de la vie sociale. »
Tous ces actes ont leurs droits, leurs lois et doivent être économiques.

En un mot, l'Economie domestique est le savoir administrer d'un ménage, de la fortune privée ; l'Economie politique est le : *savoir* administrer de la France et de la fortune nationale. En conséquence, on ménagera toujours et partout la *richesse* que nous diviserons en richesse naturelle, c'est-à-dire les biens que la nature nous offre, tels que la lumière, l'air, la chaleur, l'eau, les aliments bruts ; et en richesses artificielles, c'est-à-dire les créations avantageuses que l'homme obtient des agents naturels : par son travail, son capital, son intelligence, trois points distingués de production qui sont inséparables. S'il manque un point, c'est le cas de dire que : Martin perdra son cheval de bataille et sera écrasé par l'ennemi qui est la *misère*. Elle est noire, la misère, c'est un vampire qui boit jusqu'à notre bon sang et notre bon sens. Elle crée souvent le voleur et l'assassin. C'est par des efforts énergiques qu'il faut y résister. Que celui qui a du jugement et de l'intelligence se fasse un devoir de combattre par le travail intellectuel; que celui qui possède la force physique se défende bravement avec ses bras, qu'il soigne ses champs et ses bœufs comme le meilleur agriculteur du globe. Bientôt chacun aura le capital et l'épargne.

Capital, Travail, Épargne.

Le capital est un nom qui s'applique à toute production mise en réserve. Le capital du rentier est un louis augmenté de plusieurs autres, qui produisent une rente : rentes sur l'État ou sur les chemins de fer, sur les propriétés. Celles-ci sont les moins productives, mais les plus sûres. Il y a encore d'autres sortes de capitaux courants, tels que les constructions, maisons, ateliers, magasins, terres. Les machines qui secondent l'homme dans le travail.

Les provisions alimentaires qui font les forces nécessaires à l'exécution de ce dernier.

Tous les matériaux que le travailleur modifie et transforme.

Nous avons encore l'échange monétaire qui est un de nos légers capitaux. En France, nous possédons en capitaux des centaines de milliards, mais dans lesquels le numéraire n'est de compte que pour douze milliards.

Certains prétendent que le travail et le capital sont ennemis. C'est un jugement faux et contre lequel il faut se prémunir, par cette simple réflexion : le travail, c'est l'ouvrier ; le capital, c'est le patron ; ils ne peuvent rien l'un sans l'autre et toute antipathie est funeste à la production, à la richesse. Leurs intérêts, au fond, sont les mêmes. Le capitaliste qui ne fournira à l'ouvrier ni outils, ni matière, fera la misère de ce dernier ; l'ouvrier qui ne donnera pas au capitaliste son temps et sa force, fera la ruine du premier. Alors il arrivera que dans un temps plus ou moins long, tous deux iront se coucher dans la même salle d'hôpital, où ils n'auront pas même la consolation de la richesse morale : l'amitié. Ils se regarderont comme deux lions blessés réciproquement et avec toutes les fureurs, les colères et la haine de leur tempérament égoïste et brutal.

L'épargne est le capital mis en réserve pour les mauvais jours. Pour réserver, il faut se priver d'une jouissance, d'un bijou, d'un nœud de ruban, de dentelle ; il faut donc une volonté pour épargner. Il faut surtout se persuader qu'une modeste épargne répétée est l'embryon de la rente. Avoir des rentes, c'est si bon ! Cependant faut-il savoir les administrer et les rendre productives. Heureusement il existe les caisses d'épargnes, les garanties de l'Etat, les obligations des chemins de fer et enfin les placements sur hypothèques. Dès lors, on récolte un certain bénéfice qui est de 4 ou 5 pour 100, et que nous appelons l'intérêt ou profit. Il est établi que dans 13 ans, si on capitalise l'intérêt, la somme réservée double sa valeur primitive.

Richesses en circulation.

On échange le travail contre la monnaie ; c'est le salaire qui se donne de la part du maître à l'ouvrier qui le reçoit. On échange les marchandises contre l'argent ; c'est ce qui constitue le *commerce*. Plus l'offre des denrées est abondante, plus le prix s'abaisse, et s'établit alors la concurrence, qui est toute au profit du consommateur. Si les demandes sont nombreuses de la part de ce dernier, les prix s'élèvent et le commerçant habile et intelligent fait alors de bonnes spéculations à son profit.

Les richesses circulent encore par le *crédit*. Le crédit est d'abord un titre de confiance accordé à tout emprunteur auquel on prête. Il est fondé sur la conviction qu'on a d'avoir à faire à une honnête personne qui au terme fixé pour l'échéance viendra se libérer de sa dette.

Toutefois, pour éviter des déplacements onéreux, on a créé les billets de commerce, de banque, et tous les titres négociables. Ces titres effraient ordinairement les braves gens de la campagne : qu'ils sachent bien qu'ils ne créent pas la valeur, n'en augmentent pas la dette ; ils en favorisent seulement la circulation et l'acquit.

Utilité, Luxe, Ruine.

On utilise les richesses en consommation. Nous consommons de trois façons indiscutables :

1° Par nécessité, tel que le boire, le manger, les habits ;
2° Par réserve, tel que les provisions en denrées alimentaires, en ameublement, en toilettes ;

3° Par luxe, tel que tout superflu, élégance, confortable.

Ainsi on achète dans la maison des couverts en fer-battu étamé, parce qu'il en faut absolument pour l'usage journalier.

On ajoutera des couverts en ruolz parce que toute bonne maison doit avoir un service propre réservé aux visites ou amis que l'on reçoit.

Enfin on achètera des couverts en vermeil, en or, en argent, pour telle ou telle grande circonstance : mariage, baptême, réception officielle. Voilà la dépense luxueuse établie. Elle est hors de blâme si on peut la faire. Elle est un crime si on a voulu paraître riche alors qu'on ne l'est pas, et que ces couverts sont peut-être empruntés sans moyens de payement.

Certains disent qu'il faut atténuer le luxe, la mode. Les économistes jugent qu'en arrêtant le luxe on suspend la prospérité industrielle et ouvrière. En effet, à Paris, le nombre des ouvriers employés à la fabrication des objets de luxe dépasse 190,000. Pour avoir un écoulement de ces marchandises, il faut que la mode, qui est la fille aînée du luxe, déploie tous ses charmes, toutes ses ruses, ses originalités ; elle est capricieuse comme une belle enfant, fantasque comme une vieille coquette, folle comme une jeune fille étourdie.

Aussi, elle fascine le plus sérieux caractère, et l'on arrive à plier le genou devant son autel, demain si ce n'est aujourd'hui. Ce sera pour un plastron, une chemise, un bouton, un ruban, qu'un manufacturier intelligent embellira, qu'une dame remarquée portera ; alors, du grand au petit on entend répéter : c'est la mode. Tel objet se porte, tel ornement est recherché, tel style préféré.

L'ouvrier, donnant production, devient aisé par le salaire qu'il reçoit ; le capitaliste, profitant du beau et de l'agréable, en éprouve du bien-être. Ce n'est donc pas le luxe, ni la mode, ni l'élégance, ni la fantaisie qui ruinent. Au contraire, ces différentes choses sont un stimulant de progrès, un profit pour la société. Le mal est au cœur de notre foyer domestique. C'est la dépense de celui qui ne peut payer et qui achète sans calculer, tout comme le rentier ou le riche bourgeois. Celui qui ne peut payer au fabricant une certaine mise de fonds en meubles, bijoux, habits, il en use à loisir ; ce dernier balance son actif et son passif à la fin de l'année, trouve la non valeur de ce pauvre qu'il sacrifie, et, après plusieurs cas identiques, les créances solides ne couvrant pas ses frais d'installation, de représentation et de marchandises, il est forcé de faire faillite. C'est le crac, disons-nous vulgairement, de tel banquier, industriel, négociant. Quant à l'emprunteur, il se fait connaître, il perd son crédit ; pour tous deux, c'est la ruine.

On accuse aussi la femme d'être une cause de ruine. Chaque jour nous entendons des hommes bons, charmants, distingués, dire à leur ami :

Mon cher, je me marierai volontiers, il me tarde d'avoir un chez moi où j'aurais une femme et des enfants ; c'est, enfin, la raison et le but de notre vie. Mais une femme, oh ! une femme, une femme, grand dieux, c'est la ruine, aujourd'hui. Ecoute, écoute, mon vieux : madame est en cachemire le matin, en satin à midi, en velours le soir, en mousseline la nuit, en caoutchouc les jours de pluie, en nansouth les jours de soleil. Avec tous ces embarras, elle sera peut-être encore maussade, nerveuse, entêtée, mauvaise, incapable de changer les culottes au bébé sans femme de chambre, ou de me faire une tasse de bouillon sans cuisinière. Je ne me marierai pas. Allons, sur ce, boire des bocks.

L'ouvrier répète chaque dimanche à son camarade : Jeannot, tu ne sais pas, j'ai failli l'épouser et je souffre de ne pas l'avoir fait chaque fois que je la vois passer ; mais une femme est une femme; une femme, malheureux? ça ruine, aujourd'hui. N'y pensons plus, allons *boire du bleu.*

Ce qu'il faut à une femme.

Un Roméo de mon village
S'en vint sonner chez son curé
Et lui tint ce naïf langage :
— « Je me sens, dit-il, attiré
« Depuis peu vers le mariage ;
« Vous savez beaucoup et moi rien.
« Enumérez-moi, pour mon bien,
« Tout ce qu'il faut dans un ménage. »
— « Mon enfant, dit le chapelain,
« C'est gratis qu'un conseil se donne ;
« Mais, sur ce point, Dieu me pardonne !
« Mon chapelet a plus d'un grain.
« Écoute : Une femme doit être
« Dévouée au mari, son maître,
« Chaste de corps, chaste de cœur,
« Exemplaire par la douceur,
« Propre, soumise, complaisante,
« Laborieuse, patiente,
« Surtout modeste en ses discours,
« Sobre, économe, prévoyante,
« Discrète comme les gens sourds ;
« Raisonnable, presque muette,
« Dédaigneuse de la toilette,
« Tolérante au pauvre pécheur,
« Gaie en santé, dans la souffrance
« D'égale et pacifique humeur,
« Et ferme aux chocs de l'existence ;
« Charitable pour le prochain,
« Pour elle-même très sévère,
« Soucieuse du lendemain,
« Aimable et cependant austère ;
« Pieuse autant qu'il se pourra,
« Et pour le surplus, et cœtera.

« Secondement, elle doit être... »
— « Comment ! s'écria le garçon,
« Le second point de la leçon
« Ne commence que d'apparaître ? »
— « Pauvre ami ! ce n'est pas le quart
« Du total qui me reste à dire... »
Reprit alors le campagnard :
« Cela suffit, je vous annonce
« Que je préfère m'en priver.
« Il en faut tant que j'y renonce ;
« C'est trop difficile à trouver. »

Auguste SAULIÈRE.

Et l'homme reste garçon avec cette utopie souvent fausse, dépensant lui-même son argent sans s'en rendre raison, il a besoin de quelqu'un, il se distrait pour ne pas être trop malheureux avec ce qui lui tombe sous la main, la pipe, le verre, *la voisine*. Celle-ci devient coquette pour mieux plaire, elle dépense inutilement beaucoup d'argent. Quant à la femme oubliée ou dédaignée, elle dépense beaucoup plus encore, il lui faut autant en distractions qu'en élégance. La ruine n'arrive pas avec une seule roue. L'homme et la femme conduisent parfaitement le char, alors qu'il aurait été si facile de rester sages ! On n'aurait qu'à faire, au commencement de chaque année, un budget de toute dépense probable.

1° Dépenses de nécessité.

2° Dépenses de réserve.

3° Dépenses de luxe selon leur moyen.

On doit mettre un tant par mois à cette disposition, comme nous le dirons dans notre cinquième partie.

Mais pour cela il faut, l'homme comme la femme, *apprendre*, car c'est une science, les besoins de la vie à deux, à trois, à quatre. Ce n'est qu'après cette opération sérieusement raisonnée qu'on fixe le budget mensuel, supprimant impitoyablement le luxe, puis la réserve là où ils ne peuvent exister, soit de la part du mari, soit de la part de la femme. Le premier retranchera son café et sa partie de tous les soirs, quelques paquets de tabac, ses voyages d'agrément, ses fausses spéculations; la seconde ses nœuds roses ou ses faux brillants. Ah! il serait temps de mieux comprendre ses devoirs, ses droits, son pouvoir, d'arborer dans chaque maison avec énergie, avec fierté le drapeau gris, bleu et noir de **l'Economie Domestique**, et de mettre en forme sa noble devise : *Idéal — Devoir — Pratique.*

DEUXIÈME PARTIE

L'HABITATION

ET SES DÉPENDANCES

L'HABITATION ET SES DÉPENDANCES

C'est notre nid! Il est plus ou moins commode, élégant, gracieux, selon la fortune de celui qui le possède. Il nous est cher en rapport des affections qui nous y attachent. Le père, la mère, l'époux, les enfants sont là. Il nous est précieux à l'équivalent de la valeur qu'il représente, dix, vingt, trente, cent mille francs.

Partout en France, une habitation ou maison est une construction en pierre, en brique, en terre ou en bois, à un ou plusieurs étages où sont disposées des ouvertures que nous appellerons portes et fenêtres sur les façades, ciel-ouvert et fourneau de cheminée celles qui sont sur le toit. A l'intérieur, il existe des divisions qui forment les pièces d'habitation utiles aux besoins d'un ou de plusieurs ménages.

Les divisions du rez-de-chaussée sont ordinairement :

La cuisine ;

La salle à manger ;

Le salon de compagnie ;

Le cabinet de travail ;

La cave ;

La buanderie ;

Le bûcher ;

Le water-closet.

Les pièces du premier étage sont :

La chambre à coucher pour le maître ;

Le cabinet de toilette ;

La chambre à coucher pour les enfants ;
La salle de bain ;
La chambre à coucher des amis ;
La lingerie ;
Le vestiaire ;
La chambre des bonnes.

La cuisine est une pièce de deux, quatre, six ou huit mètres carrés pourvue d'un évier, garnie de meubles ou accessoires simples, solides et commodes, utiles à la préparation des aliments qui nourrissent notre corps.

Les personnes qui habite ordinairement cette pièce sont : la bonne ou la cuisinière ; souvent la dame du logis qui se trouve là soit pour donner des ordres et en faire la surveillance, soit pour mettre la main à l'œuvre, car je suis convaincue que les dames de ce siècle suivent l'exemple de nos vénérables aïeules. Celles-ci ne dédaignaient pas de s'asseoir près du feu de la cuisine ; c'est là qu'elles aimaient à filer au rouet, à faire leur lecture quotidienne et à soigner leurs enfants.

C'est là qu'elles parlaient de tout ce qui regarde l'administration d'une maison et d'une ferme, de tout ce qui incombe aux domestiques ; ces derniers l'écoutaient avec déférence ; elle savait descendre jusqu'à eux gardant toujours sa dignité. C'est là encore que Cornélie, fille de Scipion, mère des Gracques, montrait ses enfants comme les plus belles perles de son écrin ; que Mme de Maintenon donnait à ses pupilles le baiser du soir et du matin. Plus tard les esprits devenaient plus frivoles ; Napoléon Ier le déplorait et en faisait la remarque à Mme de Campan, surintendante de la maison impériale d'Ecouen, en lui disant : « Que manque-t-il donc aux jeunes personnes pour être bien élevées en France ? — Des mères, répondit cette dernière. — Eh bien ! dit-il, voilà tout un

système d'éducation; faites des mères qui sachent bien élever leurs filles, surtout à la cuisine, au travail et à l'honneur. »
Moralement, la cuisine est le sanctuaire de la famille comme la salle à manger est le sanctuaire de l'amitié et la chambre à coucher le sanctuaire de la tendresse.

Parmi les meubles utiles à une cuisine, il faut, tout d'abord, y placer un buffet à deux corps en bois blanc ou peint vieux chêne qui peut valoir environ.................. 40 fr. »
Puis, un coffre à bois ou à linge 0m50 sur 0m60. 10 »
Une table en bois blanc..................... 12 »
Un billot en chêne à trois pieds............. 6 »
Une fontaine en grès blanche avec sa coquille à savon... 12 »
Quatre chaises solides à 3 fr. l'une........... 12 »
Une boîte à sel........................... 2 »
Une boîte à pain.......................... 6 »
Un vaisselier............................. 3 »
Une échelle carrée........................ 3 »
Une planche à hacher..................... 2 »
Un polissoir pour couteaux................. 1 »
Une planche à pâtisserie................... 2 »
Une planche à détacher ou lisser............ 1 50
Une planche à poisson..................... 1 »
Une pendule sonnerie..................... 20 »
Un panier en jonc blanc ou noir pour les provisions du marché............................ 3 »
Une corbeille à coudre, avec le fil, les aiguilles, la pelote, les épingles, les cordons ou ficelles assortis, le tout valant........................... 5 »
Une seconde corbeille plus grossière munie de 500 grammes, pointes assorties avec marteau, tenaille, tiers-point ou lime, compas, vile-brequin à

vis et mèche anglaise, boulons et clef anglaise, le tout de force ordinaire.................... 10 fr. »

Une caisse à provisions en tôle galvanisée ou en bois blanc composée de petits compartiments pour enfermer les haricots, les lentilles, les pois, le sucre cassé, les marrons, les prunes sèches, la farine et les pâtes alimentaires qui doivent être tenus à l'abri de la poussière, du jour et des rats ; elle peut valoir.................... 6 »

Une lanterne à main avec tringles transversales pour protéger le verre.................... 2 »

Un tamis en crin.................... 1 50
Un balai en maïs.................... 0 75
Une boîte à ordure.................... 2 »
Une tête de loup, brosse, valant.................... 3 »
Une brosse à parquet, valant.................... 1 »
Une caisse à cirage et brosses.................... 1 »

Une cuisine doit être lavée une fois par semaine ; il est bon qu'elle soit pavée de briques ou planchéiée. On jettera de la sciure de bois mouillée ; on frottera avec la brosse ci-dessus nommée, on ramassera avec le balai en maïs ce détritus et on essuiera avec un gros linge. Si le parquet est taché, on mouillera la sciure de bois avec une dissolution de 15 grammes d'eau de vitriol dans de l'eau claire. On doit serrer l'eau de vitriol avec soin : c'est un corps corrosif et acide pouvant occasionner des accidents forts graves.

Nous diviserons en trois catégories les ustensiles proprement dits de cuisine ; la première sera en fer battu, renforcé, dit de Fraymont ; c'est l'ustensile le plus propre, le moins nuisible, le plus durable pour l'argent qu'on y met : c'est l'ustensile de première nécessité.

PREMIÈRE CATÉGORIE

Ustensiles fer battu étamé

La série se compose de toutes les grandeurs ; on prendra de préférence une grandeur petite et une grandeur moyenne. Comme but économique, on n'achètera de plus grands ustensiles qu'au fur et à mesure de ses besoins. En conséquence, mettez dans la cuisine deux pots pour faire du bouillon.

Les pots valent environ les deux............	6 fr.	»
Deux marmites chaudrons valant, les deux....	6	»
Deux casseroles à broc, les deux............	2	»
Deux casseroles sans broc, les deux.........	2	»
Deux poêles à frire fer battu ou fer forgé, les deux	5	»
(On demandera les couvercles de tous ces premiers articles.)		
Deux plats creux, les deux..................	2	»
Deux plats, forme plate, les deux............	2	»
Deux plats ovales, les deux.................	2	»
Une écumoire à gros trous et un passe-bouillon	2	»
Un moule à pâté de foie gras................	5	»
Un moule à timbale........................	2	»
Un seau avec sa coupe.....................	3	»
Deux bassines ou conques, les deux..........	6	»
Un broc pour l'eau à boire..................	2	»
Un entonnoir ménagère.....................	0	50
Un arrosoir...............................	0	75
Trois bougeoirs...........................	3	»
Six cuillers et fourchettes...................	2	»

Une cuiller à pot............................	0 fr.	50
Une cuiller à ragout.........................	0	50
Une cuiller à grappin........................	0	50
Une cuiller en bois, pour la graisse...........	0	15
Une cuiller en bois, pour le chocolat..........	0	15
Un poignard fer forgé, pour hacher............	2	50
Un couteau pointu............................	1	»
Un ouvre-conserve............................	1	»
Un casse-noix................................	1	»
Un casse-sucre...............................	1	50
Un mortier avec son pilon en bois.............	2	»
Une meule à capuchon (mignonnette)..........	6	»
Un tourne-broche à remontoir forme secrétaire, bonne force, valant...........................	20	»
Une lèche-frite, valant........................	2	»

Une rôtissoire à manivelle peut avantageusement remplacer ces derniers ; dans ce cas on achèterait une coquille en fonte brûlant du charbon de bois et on transportera ces appareils dans l'angle que l'on jugera à propos pour faire rôtir les viandes ou volailles ; on pourra aussi la mettre devant les feux du fourneau ou du foyer.

Un réchaud porte plat, fer battu..............	4	50
Un filtre à café...............................	2	»
Un moulin carré pour café.....................	3	»
Un moulin bijou pour le poivre................	3	»

Autrefois nos mères avaient pour le poivre et le sel, ces deux grands condiments que j'appellerai les sentinelles alimentaires, un moulin qui était remarquable par sa dimension, son poids et sa solidité qui défiait les siècles ; il était composé de deux meules forme cloche tournant en sens inverse l'une dans l'autre ; il fallait qu'un bras nerveux les mit en mouvement, mais nos mères étaient fortes. Aujourd'hui, notre délicatesse n'accepte que les moulins bijoux qu'on peut tourner avec le petit doigt et qui durent seulement quelques années.

Quelques plats, quelques assiettes et quelques pots de grès sont nécessaires dans une cuisine. La série de ces derniers, qu'on emploie pour conserver la graisse et le petit salé, vaut 6 francs.

Une demi-douzaine de verres et quelques bouteilles sont encore d'utilité.

Enfin, les bidons pour l'huile à pétrole et l'huile d'olive compléteront les articles de première nécessité.

On aura soin d'étiqueter fort lisiblement ces derniers, afin d'éviter toute erreur de liquide.

DEUXIÈME CATÉGORIE

Ustensiles fonte ou fer battu, émaillés.

Les fontes émaillées, dites du Hainaut, les fers battus émaillés dits de Japy, qu'on trouve en tous modèles ci-dessus, sont classés dans les ustensiles de réserve. Si on se sert tous les jours de l'émail, il se gerce, se fendille et s'écaille ; il se forme dans ces fentes des enduits gras qu'on ne peut enlever qu'avec une brosse raide ou du lessif. La cuisine serait amère et mauvaise si on les y laissait. Cette imprudence ferait perdre la bonne réputation d'un cordon bleu et la valeur des aliments qu'on aurait ainsi préparés.

TROISIÈME CATÉGORIE

Ustensiles de cuivre.

Tous les ustensiles de cuivre, qu'on trouve presque en tous les modèles étamés ou rouges, forment la catégorie de luxe ; ils sont le bel ornement de la pièce.

Quant au service, ils sont inusables, mais je ne les admets que dans les maisons où il y a un chef de cuisine qui est exclusivement chargé de la propreté de l'office. Il faut maintenir ces ustensiles dans un brillant permanent ; la moindre négligence produit des empoisonnements déplorables.

Pour tenir les ustensiles, la poterie et la verrerie propres, on fera de la manière suivante : on rincera les verres avant la vaisselle, ils seront d'abord égouttés, ensuite essuyés. On remplira la bassine la plus grande d'eau chaude ; on y mettra une pincée de cristaux de soude de la grosseur d'une noix qui vaut 20 centimes le kilogramme ; on remplira ensuite la petite bassine d'eau froide ; on les posera toutes deux sur la pierre de l'évier où l'on aura eu soin de serrer toute la vaisselle ; on prendra l'argenterie, on la passera pièce par pièce avec une petite éponge grossière : on la rincera à l'eau froide et on la posera sur l'égouttoir. On prendra les porcelaines fines, on en fera de même ; on continuera par la vaisselle secondaire, qui sont les grès de la cuisine et le fer battu ; on ne remplira jamais la bassine de ces objets, c'est un embarras et on risque de tout casser. Pour éviter encore ce dernier accident, on n'entassera pas la vaisselle l'une sur l'autre sur les tables; on la déposera par six ou par huit sur les étagères libres de l'évier; on aura, à côté de soi, la boîte à ordures pour y mettre les débris qui sont sur les assiettes, débris qui nourriront les poules, les cochons, ou le chien de la maison. S'il y avait des taches de feu ou de cuisson aux ustensiles, on aurait 10 centimes de sable de Bordeaux en réserve, on frotterait avec un morceau de liège et une pincée de ce dernier. On agit vivement sur la pièce, on rince, on essuie, et, à sec, on donnera un beau brillant en passant un peu de Tripoli ou de blanc d'Espagne, ce qui est encore meilleur marché. Avec 20 centimes, on a une provision pour trois mois. Pendant ce temps, les couverts, les porcelaines se sont égouttés, et sont prêts à être essuyés.

Après les repas, on commencera de ranger la table, la salle à manger et la cuisine, en enlevant tout ce qui mérite d'être porté à l'évier. Lorsque le fourneau, la table et surtout les coins de ces pièces seront propres, on ira faire l'opération capitale dont nous venons de parler : la vaisselle. On mettra une heure et demie pour faire une vaisselle de cinquante pièces, ou pour remettre tout à sa place.

On donnera à la bonne deux fois par semaine trois linges propres : un pour les mains qui ne doit pas être celui des maîtres, un pour les verreries et cristaux, linge éponge ; un pour les porcelaines et argenteries. Les linges précédents, de trois jours de service, serviront dès lors au nettoyage des fers battus et émaillés ; tous ces linges seront chaque soir étendus dans la cuisine pour sécher leur humidité et durant le jour pliés dans une corbeille en joncs à deux compartiments numérotés par cette étiquette : 1er service — pour les propres — 2e service — pour les sales.

Lorsque la cuisine aura des fenêtres ou des portes vitrées

on les nettoyera souvent, surtout en été, avec un linge humide, ou, s'ils sont trop sales, avec une éponge trempée dans une dissolution de blanc d'Espagne qu'on enlèvera avec un linge sec après avoir laissé sécher modérément ; on garnira les fenêtres de rideaux en Andrinople rouge ou jaune, à 1 fr. 25 cent. le mètre; ou en mousseline vitraux, fond mosaïque, valant le mètre, 0 fr. 75.

Quand la cuisine sera propre et coquette comme une paysanne endimanchée, on vaquera aux travaux du jardin, aux commissions, au savonnage du linge et aux ouvrages manuels.

CHAUFFAGE

Je commencerai par donner le détail de nos feux de bois qui sont les plus usités dans la campagne et les plus anciens dans les villes ; ils se composent d'une construction en brique appelée foyer ; on y déposera deux chenêts en fer forgé valant de 5 à.. 15   »

Une crémaillère à anneaux......................	3	»
Une servante..................................	3	»
Un soufflet...................................	1	25
Une pelle en fer forgé.........................	3	»
Une paire de pincettes........................	1	50
Un pique-feu.................................	1	50

Les meilleurs bois de chauffage sont : le hêtre, le chêne, l'orme, le charme, qui valent, le stère.......... 20   »

Le charbon de bois vaut, les 100 kilog......... 12   »

Le bois de châtaigner vaut moins étant de mauvaise qualité ; on en pourrait dire comme d'un mauvais caractère : qu'il est boudeur et entêté ; il fait enrager la cuisinière et la met toujours en retard. On ne doit s'en servir que si on le possède dans sa propriété. Il existe des fagots faits avec du bois des taillis, avec les sarments des vignes, avec les genêts des montagnes, qui valent, le fagot,........................ 0   25

Zénaïde Fleuriot a chanté le genêt ; elle dit :

Cher ami, vous connaissez, je pense
Nos beaux champs de genêts? Lorsque le vent balance
    Ces brillants panaches dorés,
Devant l'océan d'or qui roule ses paillettes
Tout pâlit, les muguets, les blanches pâquerettes
    Et les frais bluets azurés.

Un jour, — c'était, je crois, la semaine dernière, —
Le hasard me fit voir ce rustique parterre
    Dont tout à l'heure je parlais.
Et je disais bien haut à toutes mes compagnes
Que parmi les beautés de nos riches campagnes
    Je comptais ce champ de genêt.

Elles rirent un peu. Parmi les troncs des saules
Surgirent des enfants ; l'or couvrait leurs épaules.
    Elles étaient pauvres pourtant.
Mais le soleil produit de ces effets magiques
Et sur les cheveux blonds ses rayons magnifiques
    Jettent un vernis éclatant.

Ecartant de la main ces branches odorantes,
Nous fîmes quelques pas sous ces voûtes brillantes.
    Sous un plant que les fleurs courbaient
Se groupaient les enfants : quatre petites filles,
Aux pieds nus, aux grands yeux, aux figures gentilles,
    Oiseaux pillards qui moissonnaient.

Elles faisaient glisser les feuilles et les branches
Entre leurs doigts brunis ; puis comme sur les hanches
    Le tablier se rattachait
On glissait en dessous la main fermée et pleine,
On la retirait vite, et cette fois sans peine.
    Et puis encore on arrachait.

« Eh quoi! pour le plaisir de parsemer dans l'herbe
Ces pauvres fleurs qui sont la parure superbe
  Qu'aux genêts Dieu voulut offrir,
Dîmes-nous aux enfants, vous dépouillez sans crainte
Ces arbustes, si beaux par sa volonté sainte,
  Mutines, pourquoi les enlaidir? »

Les grandes, à ces mots, devinrent toutes roses.
Elles étaient à l'âge où, sans motif, sans cause
  On se sent timide en tout lieu ;
Mais la toute petite, élevant son front d'ange
Nous répondit avec un sérieux étrange :
  « C'est... c'est pour la fête du bon Dieu. »

Leur flamme est vive, pétillante et joyeuse : c'est un babil de branchettes qui se mêle avec harmonie au crépitement des fritures. On dirait un air joyeux qui fait sourire les vieillards, bavarder les femmes et sauter les enfants. Qui ne se souvient, étant petit, d'avoir frappé dans ses mains en admirant la flamme tapageuse des genêts, surtout quand ils sont verts. Avec le bout de son petit pied, on essayait de remuer la branchée pour faire monter plus vite des millions d'étincelles que nous appelions « les nôtres étoiles ou des âmes montant au ciel. »

A cause de la rareté du bois dans certaines contrées, les progrès de l'industrie ont créé des fourneaux dits économiques. Certains systèmes perfectionnés dépensent relativement peu, 0 fr. 40 environ de charbon par jour dans un ménage de six personnes.

En été, on peut éteindre le feu plusieurs heures dans l'après-dîner, ce qui compense l'augmentation de dépense des longues veillées d'hiver.

Le fourneau est un objet de première nécessité dans la cuisine. Il est construit en fonte; le foyer doit aussi être en fonte et non en briques. Le dessus du fourneau est muni de plusieurs orifices ronds avec leurs couverts; en outre d'une bouillotte à robinet contenant 10 litres d'eau.

Un four,
Un chauffe-assiette,
Une étuve,
Un gril.

Les accessoires d'un fourneau sont :

Un crochet	Un étouffoir-cendrier
Un pique-feu	Une pelle à main
Une boîte à charbon	Deux poignées de cuir,

Les tuyaux valent en grosseur moyenne environ, le mètre, 2 fr. 60.

Un fourneau varie de prix selon sa grandeur et selon la fabrication. Il y en a de 25 à 800 fr.

Les fabrications de fourneaux les plus importantes en France sont dans les départements de la Seine, de la Loire, du Jura, de l'Aisne.

On fabrique des fourneaux en fonte et en tôle renforcée.

Les premiers sont de meilleur usage et coûtent plus cher.

Les seconds sont également d'une bonne fabrication. Les petits ménages pourront les employer s'ils ne veulent pas utiliser le petit poêle rond que tout le monde connaît, de 20 à 25 fr.

Pour allumer le fourneau, il faut secouer les cendres du foyer, ranger le coke qui semble bon. On dépose au fond du foyer une poignée de paille ou des rubans de menuisier; on tasse de fins copeaux dessus, puis de plus gros mêlés au coke carbonisé et aux pierres de charbon. Certaines bonnes versent sur cela un filet de pétrole; c'est mal : 1° on risque des accidents terribles; 2° c'est une fausse dépense qu'il faut interdire et surveiller.

On met le feu avec une allumette qu'on va chercher dans une boîte toujours placée loin du fourneau. Lorsque ce dernier est enflammé, on l'entend ronfler ; on ferme à demi la clé du tuyau et on dépose doucement quelques pierres de charbon sur cette vive flamme.

Le charbon est un minéral combustible connu sous le nom de houille, charbon de terre, pain de l'industrie ; celui de Carmaux (Tarn) est un des meilleurs charbons de France.

Toutes les sociétés houillères vendent des charbons dits à *longue flamme*, spécialement recommandés pour les usines à gaz, la métallurgie, le chauffage domestique.

Elles vendent aussi les cokes métallurgiques pour les fonderies, les verreries, le chauffage domestique au moyen de poêles spéciaux. C'est un résidu de charbon de terre, léger et bon marché. Les agglomérés de houille de 1 kilo perforé qui s'emploient encore dans le chauffage domestique. Dans les machines à vapeur ou à dépiquer, on emploie les agglomérés de 5 kilos.

On pourra faire usage de ces derniers dans les fourneaux qui ont un bon tirage. Il faut atténuer le feu ou l'activer en fermant ou en ouvrant la clé. Si l'on a de la poussière de charbon, on la pétrira avec de l'eau un quart d'heure avant de s'en servir, afin de la remettre à neuf.

Il faut que la bouillotte soit remplie d'eau ; si elle en manquait, elle serait sujette à recevoir un coup de feu qui écaillerait l'émail, ce qui nécessiterait immédiatement une dépense de 20 francs.

Si, malgré toute surveillance, l'émail venait à sauter, il ne faudrait plus se servir de l'eau, qui sentirait la fonte et le charbon, que pour les usages secondaires.

Si le fourneau ne veut pas brûler, on demandera l'avis d'un fumiste ; si l'on est à la campagne, on essaiera de fermer hermétiquement la cheminée par une tôle s'adaptant bien aux parois de l'orifice ou par un maçonnage en briques et en plâtre ; ces deux ouvrages valent une égale dépense de 4 à 5 fr. au village.

Pour nettoyer un fourneau, on prend un oignon coupé par moitié ; on passe sur les parties fonte, les saupoudrant en même temps de *poudre plombagine*. Dès que cet enduit semble sec, on passe activement une brosse à cet usage, et le fourneau est déjà en toilette de cérémonie ; pour la compléter on passera un linge avec eau de savon sur les parties émaillées de la pièce et on frottera les cuivres avec du blanc d'Espagne.

Les autres sortes de fourneaux sont :

Les réchauds à charbon de bois portatifs en fonte qui valent environ 3 fr. 50.

Les fourneaux à gaz dans les villes.

Les fourneaux à pétrole à un ou plusieurs becs, de 5 à 25 fr.

Ces divers fourneaux s'utilisent avec économie en été, où l'on ne se sert de feu que le temps de préparer le repas. Leur mise en activité est plus propre, plus rapide qu'avec tout autre appareil.

Le petit réchaud à esprit de vin, valant 1 fr. 50.

Sa casserole, valant 1 fr. 50.

Cet article est bon pour les voyages et pour la nuit.

Les fours à pâtisserie, qui valent de 30 à 60 fr.

La cafetière indispensable à bec et esprit-de-vin permettant de faire le café ou le thé sur la table, ce qui est fort récréatif, valant de 8 à 14 fr.

Le torréfacteur sphérique contenant de 500 gram. à 2 kil. de café, se vendant de 12 à 22 fr. ou le fourneau brûloir café ordinaire, composé de deux appareils, en tôle, valant de 3 à 5 fr.

Je citerai encore deux objets utiles à une cuisine de luxe qui sont :

Un pressoir pour jus de viande, force moyenne, de 8 à 10 fr.

La presse à confitures à deux bassins, pressoirs à vis, valant de 15 à 20 fr.

Machine à coudre

Nous avons les systèmes américains que tout le monde connait, mais par esprit d'origine on donnera ses préférences aux fabrications françaises, qui du reste atteignent aujourd'hui, en exécution et solidité, le perfectionnement des fabrications étrangères.

Le n° 2 est le plus apprécié dans les familles ; ces machines se vendent 100, 120, 150 fr. et au-dessus si leur table est plus riche.

Ce genre ne peut servir que dans les familles pouvant se payer du luxe en tout. Partout ailleurs on prendra la machine simple et on lui fera une robe de percale ou Andrinople, pour la couvrir hors du service ; ainsi, les poussières ou les différentes taches qui peuvent tomber dessus ne l'atteignent pas. Cette robe se lavera de temps en temps, tout comme celle d'une bambine de la maison. Il n'y a d'agrément dans un ménage que tout autant que chacun et chaque chose reflète la propreté et une légère nuance de coquetterie.

Enfin on n'achètera des machines à coudre que dans les cas suivants : 1° Si on peut l'utiliser trois fois par semaine au moins ; 2° Si l'on doit s'en servir pour gagner sa vie ; ce sera alors une dépense de nécessité.

Il existe des machines à tricot et à broderie, mais on ne s'en pourvoira que pour des exigences de métier.

LA SALLE A MANGER

La salle à manger est, disons-nous, le sanctuaire de l'amitié et le lieu de tous les souvenirs. C'est dans cette salle que la famille se réunit pour prendre les repas, où les amis viennent avec plaisir se reposer devant une table bien servie que notre affection leur offre. C'est là que nos parents ont célébré notre naissance, notre première communion, notre mariage, enfin. Il nous souvient, certainement, de ces doubles fêtes où nous étions si aimés! Comme ils doivent se souvenir, aussi, le père et la mère, lorsque l'enfant n'est plus là. La salle à manger nous rappelle encore notre âge gourmand. Combien de fois nous y avons fait des larcins, volé un marron, ou trempé le doigt dans la crème.

La dépense d'une salle à manger varie de 300 à 2,000 francs.

Les bois dont on se sert principalement pour les meubles de salle à manger sont le chêne blanc ou foncé, le noyer. Ils varient de prix selon le style; dans le monde élégant, on choisira les styles Renaissance, François Ier et Henri II. Si on ne les connait pas, on demandera au marchand de meubles ses devis et catalogues qui en donneront l'historique et la forme. (C'est une étude fort intéressante, mais trop longue pour la traiter dans cette édition. Nous la traiterons dans l'édition de luxe).

Dans les fortunes médiocres, on emploiera les façons simples à moulures ou tournées, chêne ou noyer, si on veut des meubles de résistance ; sinon, on adoptera les bois blancs peints.

Dans ce cas, le genre érable est aussi coquet que les premiers sont sévères.

Avec les styles riches, on choisira les tentures bourrette laine, rayures orientales ou arabesques chinoises.

Avec les meubles simples, les cretonnes, meubles à fruits, feuillage, ou les toiles Java, loutre ou gris. On les garnira d'une broderie au point de canevas, avec des laines de vive nuance. Le tapis de table se fera de même. Le papier de tapisserie sera dans le ton bois, café au lait, chocolat.

Comme meubles et accessoires, il faut nécessairement dans la salle à manger :

Une table à rallonges à six ou douze couverts ;

Un buffet vitré ;

Une desserte ;

Une caisse à bois ou charbon ;

Six ou douze chaises (quelques tabourets pour l'été et des bouillottes pour l'hiver) ;

Une cheminée.

La garniture de la cheminée sera :

Une coupe et deux candélabres bronze ou cuivre fondu à deux branches ;

Une natte jonc ou aloès sous la table ;

Une pendule applique ;

Quelques tableaux de chasse ou nature morte ; comme luxe : de grands oiseaux empaillés, disposés avec soin, au milieu d'algues marines ;

Une suspension à volute au milieu de la pièce, ou une lampe à gaz.

Si l'on a des invités, la salle à manger doit être plus éclairée.

Quelques arbustes et quelques fleurs.

On vend des services de table se composant de 70 pièces de 45 à 300 francs.

On doit toujours assortir le service à café et le service à thé.

On se sert beaucoup du ruolz, qui est du cuivre jaune argenté, du maillechort, qui est une composition de cuivre et nikel, ou encore du métal blanc, se composant de nickel, cuivre et étain. Tous ces couverts peuvent devenir nuisibles après l'usure de la couche d'argent. Si on tient à les posséder, on doit les prendre argentés au 1er titre, à 72 grammes et renouveler la réargenture au besoin sans retard. Sinon, on prendra du bel étain pur ou de l'argent.

Pour couteaux, le manche d'ébène noir à 10 francs la douzaine; on lavera ces derniers toujours à l'eau froide.

Pour les cristaux, il faut rigoureusement trois sortes de verres qui valent la douzaine 10 francs.

Une cave à liqueurs sera préférable à tous les cabarets de fantaisie en raison de sa propreté solide.

Un timbre au son clair, des garde-nappe, des réchauds, des huiliers, un service à découper, un service à salade, à ragoût, à poisson, une louche, deux salières, des porte-couteaux assortis seront rangés dans les buffets et toujours tenus dans un grand état de propreté.

SALON

Le salon est ordinairement la plus belle pièce de l'habitation, garnie de tout ce qui est agréable en meubles, tapisseries et objets d'art. Dans les salons de luxe on introduit le noyer, l'acajou, l'ébène, le palissandre. On prend les styles Louis XIV ou Louis XVI de préférence. Les tentures doivent alors être en soie tramée, en tapisserie d'Aubusson, en velours d'Utrech, tandis que dans le genre ordinaire on acceptera le bois noyer uni et les étoffes de laine de granité *uni*, satin laine, cretonne meuble aux tons fondus.

Le reps est très joli quoique d'autres étoffes le remplacent avantageusement.

Généralement, les papiers à tapisseries seront dans les tons assortis ou gris aussi, avec bordure argentée ou dorée, ou à petits dessins, les tentures sombres sans être tristes ; les cuivres fondus ou nickelés dans le genre élégant, les articles bronzés dans le genre ordinaire. On doit mettre dans un salon peu de bibelots sans valeur.

Il vaut mieux une simplicité sévère qu'un luxe de bazar.

On n'habite pas continuellement le salon qui doit être toujours rangé, à un tel point que la maîtresse de la maison s'y trouve presque comme étrangère : elle ne peut avoir là ni son crochet, ni ses livres ; cependant elle aura dans le salon quelques ouvrages de bon goût, soit dans leur composition, soit dans la reliure. A cet effet, nous ferons une édition de l'*Econonomie domestique*, revue, corrigée, augmentée, dans d'excellents prix, dotée de planches originales et de plusieurs morceaux de musique harmonieuse et simple.

La maîtresse de maison ne doit rester au salon que tout autant qu'elle a de la société. Elle travaillera de préférence dans la salle à manger, dans sa chambre ou dans un petit appartement destiné à cet usage.

Les meubles absolument nécessaires à un salon sont :
Deux fauteuils,
Six chaises,
Un canapé,
Un bahut,
Deux poufs,
Une table,
Quatre tableaux, portraits de famille ou sujets historiques,
Deux glaces,
Une pendule avec un sujet,
Deux candélabres à quatre branches,
Un tapis moquette *velouté ou bouclé*,
Un foyer garni.

Devant la porte du salon ou dans l'antichambre, on placera un porte-parapluie, deux têtes de porte-manteau et un paillasson en bon état.

CABINET DE TRAVAIL

Le cabinet de travail est la pièce de la maison que l'on consacre aux œuvres de l'intelligence, où le cerveau, cette machine à penser, comme dit Mme Anaïs Segalas, arrive à toute pression et marche souvent à toute vapeur.

Dans le cabinet de travail, l'homme d'État réfléchit, le moraliste ou le poète compose, le médecin étudie, l'avocat prépare, le notaire écrit, le financier calcule, le chimiste expérimente, le pédagogue examine, le propriétaire additionne, multiplie et divise, le commerçant chiffre et correspond. Pour les autres, le cabinet de travail est la pièce où se trouve installé : un commerce ou un atelier quelconque. Après ses occupations de ménage, une femme doit être dévouée corps et âme à la profession de son mari. S'il est négociant, elle doit apprendre de lui comment se font les achats et les ventes; elle s'exercera à bien remplir son rôle de commerçante ou d'ouvrière.

Le mobilier du cabinet de travail est classique : un bureau, une bibliothèque, deux fauteuils et deux chaises qui, de préférence, doivent être en cuir moleskine; ces meubles varient de 400 à 1,000 fr.

Les tapisseries, dans le ton havane, teintes inoffensives; cette couleur ne fatigue pas la vue. Les rideaux en reps ou toile perse, bourrette même ton; la garniture de la cheminée très sobre; les tableaux seront des sujets professionnels ou paysages sérieux.

On doit avoir dans un cabinet de travail un coffre petit ou grand.

Un coffre est un appareil incombustible que l'on scelle dans le mur et qui sera classé dans les articles de réserve. Il y a certains systèmes perfectionnés; on déposera là ses valeurs, son argent et ses bijoux. Comme on ne peut à tout instant ouvrir le coffre, je conseille de mettre chaque matin dans un casier à monnaie en fer-battu, l'argent à employer durant le jour. On aura soin de ranger la clef du coffre en l'attachant à un anneau et la gardant dans sa poche ou en lieu sûr.

En hiver, comme point économique, la maîtresse de la maison s'entendra avec son père ou son mari, pour travailler dans le cabinet de travail; il n'y aura qu'un seul et même feu et qu'un seul éclairage à dépenser durant les heures de l'après-midi et la veillée.

Cette mesure aura l'inappréciable avantage de réunir l'esprit et le cœur des chefs de la maison, on trouvera le moment de causer de tous les détails de la direction de ses affaires, des enfants et de soi.

Ces épanchements rendront le courage à celui qui se sent défaillir, et avec le courage qui est le levier du travail moral, comme la santé est le levier du travail physique, on ira loin et bien dans la vie.

Que la femme donc n'oublie pas d'aller s'occuper près de son mari lorsque celui-ci sera disposé à la recevoir, ce qui ne peut manquer, car il y a beaucoup d'hommes bons et polis.

LA CAVE

Nos anciens aimaient à dire : que la maison soit petite et que la cave soit grande. On fixe à plus haut l'origine des caves : Ainsi, il est dit que lorsque les Phocéens vinrent fonder Marseille, Petta, fille d'un roi du pays, descendit à la cave de son père, y remplit une coupe de vin et d'eau et la présenta à Euxène, leur chef.

On ne dit pas si cette production était indigène ou étrangère. Plus tard, le Sénat de Marseille défendit aux femmes de la République de boire du vin pour maintenir les bonnes mœurs parmi elles. Il y eut un édit qui promulgua cette loi : « Les clefs des caves seront portées à la ceinture des hommes. » Aujourd'hui ils désirent au contraire que nous soyons reines de la cave comme nous sommes souveraines de la cuisine. Remercions-les de leur courtoisie et de leur confiance en maintenant dans ce lieu l'ordre et la propreté, lorsqu'ils auront surtout eu la bonne inspiration d'y mettre les meilleurs crus du pays.

Les accessoires d'une cave sont :

Deux portes-tonneaux bois valant 6 francs, pouvant retenir la barrique de vin de 100 à 110 litres.

Un égouttoir pour 50 bouteilles, 5 francs.

Un bouche-bouteille à 1 fr. 25.

50 bouteilles Villaudric acheté en baril.

50 bouteilles Château-Margaux.

50 bouteilles de Gaillac,

Une jauge pour mesurer le vin, 3 francs..
Un balai, 1 franc.
Un entonnoir tonnelier, 3 francs.

Une cave doit être aérée par deux ouvertures. Si le vin est placé en futaille au courant d'air de ces ouvertures, il double de valeur. La cave doit être sèche; on y placera un garde-manger en toile galvanisée pouvant contenir deux plats sur son étagère et deux pièces de viande de deux à trois kilos à ses crochets. Il y a la forme carrée qui vaut, grandeur moyenne, 4 francs. La forme à angles ronds vaut de 5 à 6 fr.

On y placera un fruitier-légumier, fil de fer galvanisé, qui vaut de 4 à 5 fr.

Les futailles doivent être percées pleines et on doit soutirer le vin journellement. Lorsque ce dernier est achevé, il faut enlever la lie de la futaille, opérer un rinçage, laisser bien égoutter, y mettre un demi-litre de vinaigre, remettre le tonneau à sa place bien bouché, tournant la bonde vers la terre. Si la futaille se gâte, c'est une somme de 8 à 12 fr. perdue et toute la quantité de vin, si on la remplit de nouveau; dans ce cas, on essaiera de guérir le mal en agitant une bouteille d'huile d'olive dans le vin. L'huile dissout et entraîne à la surface les éléments moisis qui ont causé le mauvais goût. Dans la cave on dépose encore les légumes frais en conservation, le fruitier et les provisions d'huile; on range chaque chose en tas séparés par des planchettes de bois.

Aigreur

Les vins mal soignés ou faibles d'alcool deviennent facilement aigres; dans ce cas il faut boire le vin au premier temps ou, si on manque de vinaigre, jeter dans le tonneau une poignée de haricots blancs; cette macération active l'aigreur, et ce mauvais vin fait du bon vinaigre.

Le vin mis en bouteilles doit être de bon choix, il lui faut 2 ans de tonneau, une limpidité absolue. S'il ne la possède pas on collera le vin en battant 8 blancs d'œufs pour une barrique. On verse dans la futaille et on agite avec une baguette. Quatre ou cinq heures après on procèdera au soutirage du vin et à la mise en bouteille. Ces dernières seront lavées avec soin. On enlèvera le dépôt des vins précédents en agitant dans la bouteille 10 gr. de plomb qu'on conservera pour les besoins dans une petite fiole en verre.

Pour mettre le vin en bouteille, on se place près du tonneau ayant à droite les 50 bouteilles dont j'ai parlé; dans une bassine, avec 100 gr. d'eau-de-vie, on met cinquante bouchons gros et fins valant, le 100, 2 fr. 50.

Les bouteilles valent le 100, 14 francs.

On percera le tonneau en bas, on y placera un robinet, il y aura un soupirail en haut ou on soulèvera la bonde : cette mesure donne de l'air dans le tonneau et fait couler le vin plus facilement. On remplit la bouteille jusqu'au goulot; la posant ensuite sur un terrain ferme, on applique l'orifice du bouche-bouteille sur le goulot, on jette un bouchon bien droit dans cet appareil et d'un coup sec fait avec un marteau on bouche hermétiquement. On couche les bouteilles dans le casier : chaque compartiment de ce dernier doit être étiqueté au moyen d'un carton fort qu'on attache avec une ficelle où l'on mettra la date et provenance du vin; entre chaque rang de bouteilles empilées on mettra un journal plié en quatre pour empêcher un choc quelconque.

Les vins rouges peuvent être capsulés, ce qui coûte 0 fr. 60 par 100 bouteilles; on fait fondre une pierre de goudron, on y plonge le goulot de la bouteille une seconde, et sur cette poix bouillante, on applique un cachet.

Les vins blancs seront ficelés et couchés. On devra éviter de mettre en bouteille dans le gros de l'hiver, dans les grandes chaleurs et avec les vents d'autan.

Dans les caves de luxe on peut mettre les porte-tonneaux en fer à levier, valant 12 fr. la pièce.

Le bouche-bouteille, machine à pédale, valant 25 fr.

Une pompe fabrication perfectionnée.

Un entonnoir tonnelier, valant 5 fr.

Un assortiment de robinets et de bondes, valant 1 fr.

Et les vins :

Bourgogne,

Médoc,

Languedoc,

Dauphiné,

Rhône,

Champagne,

Vins doux,

Vins étrangers,

Liqueurs,

Alcool.

LA BUANDERIE

La buanderie est une pièce qui ne peut exister qu'au rez-de-chaussée, où l'on fait ses lessives, c'est-à-dire le lavage de beaucoup de linge.

La buanderie doit avoir une corde tendue où le linge sale est posé en attendant qu'on puisse le lessiver : cette opération doit avoir lieu chaque mois. Ainsi du 25 au 30 la maîtresse de maison comptera ou fera compter le linge sous ses yeux, en prenant les nombres sur le carnet de la lingerie, divisant les diverses qualités de pièces ainsi qu'il suit :

EXEMPLE :

Chemises d'hommes,	6	
Chemises de femmes,	6	
Chemises d'enfants,	5	
Draps,	6	
Serviettes de table,	12	
Nappes,	5	
Toilette,	4	
Pantalons,	4	
Camisoles,	4	
Bonnets,	4	
Jupes,	6	
Mouchoirs,	18	
Torchons mous,	12	
Torchons grossiers,	12	
Tabliers de bonne,	4	
Chaussettes d'hommes,	6	paires.
Bas de femmes,	6	»
Bas d'enfants,	6	»
Tabliers d'enfants,	6	
Culottes d'enfants,	6	
Jupons d'enfants,	6	
Rideaux,	6	
Oreillers,	4	
Total des pièces,	154	

D'abord elle fera essanger le linge, c'est-à-dire dégraisser superficiellement avec un savonnage à l'eau tiède où l'on aura dissous 500 gr. cristaux de soude.

Il y a deux procédés économiques de lessivage qui sont : le premier à la cendre; le second aux cristaux. Les appareils diffèrent : le premier nécessite un cuvier de 0,75 centimètres de hauteur pour le linge, en zinc ou en bois; un second cuvier plus petit pour le lessif coulant, en zinc ou en bois.

Une planche à savonner.

Une chaudière fourneau en fonte.

Ces appareils, pouvant servir à deux cents pièces de linge, peuvent coûter 100 fr.

On dépose au fond du cuvier 15 kilos de cendre et un kilo cristaux. En mettant les cendres au fond du cuvier, on évite l'accident qui arrive fréquemment, de répandre dans la lessive la cendre entrainée par l'eau.

On couvre avec un linge grossier et on dispose les draps en demi-cercle sans les tordre, puis les chemises, linges fins, les serviettes, les nappes et les torchons ; s'il y en avait quelques-uns de ces derniers trop sales, on les garde pour les faire bouillir seuls le lendemain matin. On couvre tout son linge d'une autre grosse toile. On verse de l'eau tiède, puis de l'eau chaude et enfin bouillante durant six ou sept heures; on compte ordinairement 30 *bouillants* pour une lessive ou quatre bouillants par heure; il faut soigner le feu. Le lessif après trois heures de coulage doit être beau, c'est-à-dire doux au toucher, et à l'œil ambré comme la bière du Nord. Ordinairement, pour ne pas se fatiguer, on prépare son cuvier la veille, on coule la lessive le lendemain et on lave le troisième jour. La lessive finie, on porte les cendres dans la prairie sur les joncs qu'on veut détruire et on utilise le lessif au nettoyage de tout ce qu'il y a de sale dans l'habitation ou ses dépendances.

Les cuviers de bois doivent être conservés en lieu frais.

Le second moyen de lessiver son linge s'opère au moyen de la lessiveuse perfectionnée (Française).

Le n° 1, pour 10 kilos de linge et 600 grammes cristaux, coûte 30 francs ; le n° 5, pour 45 kilos de linge et 2 kilos cristaux, coûte 50 francs ; le n° 9, pour 130 kilos de linge et 5 kilos cristaux, coûte 118 francs.

Dans les grandes lessiveuses seulement, on peut mettre toute sorte de linge : avec les petites, il faut lessiver chaque semaine et chaque qualité de linge ensemble.

On place les cristaux de soude dans le fond de la lessiveuse sur la plaque perforée ; on arrange pièce par pièce le linge essangé ; on met de l'eau à moitié de l'appareil ; on place les chaînettes, on couvre, on allume l'appareil. Après deux heures d'ébullition pour le linge de corps, trois heures pour le linge de table, on procède au rinçage. On prend du savon très sec, qu'on a eu soin d'acheter trois mois à l'avance, dans les qualités blanches de Marseille, ou blanches et bleues de Dijon ou du Havre. On recommande à la femme qui blanchit le linge trois choses : de ne pas tremper ses pieds ou ses jambes ; de ne pas laisser son savon dans l'eau dans les intervalles du savonnage, et, lorsqu'elle aura opéré ce dernier, de frotter dans ses mains la pièce de linge sans la tremper aussitôt dans le courant, ce qui envoie le savon à l'eau sans avoir enlevé les taches et nécessite un double ou un triple savonnage ; que le courant, enfin, ou les voleurs, n'emportent aucune pièce et que le soir toute la lessive soit rangée, sèche ou mouillée, dans les corbeilles, avec le panier de provisions.

Si la maîtresse de la maison surveillait son linge, elle y

gagnerait trois choses : 1° On ferait mieux le travail, elle ferait laver et étendre les draps en premier lieu, ainsi que les pièces fines ; 2° elle se réjouirait de voir les prairies et les haies disparaitre sous son linge blanc comme la neige. Elle admirerait, au milieu de la belle nature, cette jeune fille robuste, jambes nues, bras retroussés, figure ensoleillée, regard honnête, allant et venant, joyeuse, chargée de linge lavé qu'elle dépose avec soin et qu'elle étend d'un geste énergique et fier comme toute femme possédant son métier ; 3° l'air pur qu'elle respirerait lui donnerait une provision de santé aux poumons.

Bûcher.

Chaque deux mois, environ, on y mettra sa provision de charbon ou de bois. Pour le premier, les grosses pierres seront placées en avant, le charbon brisé au milieu. Un marteau et une pelle seront dans le bûcher pour distribuer le minerai aux seaux. Le bois sera scié ; le gros ensemble et le menu en second tas.

Water-Closet.

Ce sont les lieux d'aisances ; ils doivent être aérés, balayés chaque matin, lavés ou cirés de temps en temps. Ils seront pourvus des accessoires suivants :

Un broc et une cuvette ;
Un linge et un balai ;
Plusieurs bouquets de lavande suspendus aux murs.

Poids et Mesures.

Les autres dépendances du rez-de-chaussée sont le placard des articles de pesage. Il est nécessaire, dans toute maison petite ou grande, d'avoir une série de poids quelconque, mais poinçonnés par le vérificateur des poids et mesures qui se transporte, une fois l'an, dans chaque commune, à la mairie, pour le faire. Le poids permet à une maîtresse de maison de se rendre compte de ce qu'elle vend ou achète et de s'assurer, ainsi, de la conscience des fournisseurs. Elle choisira entre la romaine nouvelle fabrication, ainsi appelée pour marquer son perfectionnement, qui fait de 100 grammes à 30 kilogrammes et vaut de 4 à 5 francs;

La bascule, tablier carré, à bec de canard, pesant de 50 à 300 kilogrammes et qui se vend de 25 à 30 francs;

La balance à aiguille droite, qui vaut 25 francs;

Le peson anglais, qui vaut 1 fr. 50. Il faut vérifier ce dernier avec les poids métriques pour s'assurer s'il pèse juste.

Un mètre en bois, cuivre ou ruban.

Les mesures du décalitre et litre en étain ou en bois, si on pense en avoir l'emploi dans sa maison. La série vaut 10 francs.

Éclairage.

De tout temps l'éclairage a été le souci des économistes. En effet, nous passons le tiers de notre vie avec la lumière artificielle. Examinons quelle est la plus économique et la plus belle. Actuellement c'est la lampe belge. Ceux qui l'ont expérimentée s'accordent à dire qu'elle éclaire comme trente bougies, ne dépense que 5 centimes par heure et qu'elle est relativement propre malgré son huile désagréable.

Il y a une lampe dite universelle même genre. Elles valent l'une et l'autre 10 francs.

Le gaz sera toujours l'éclairage propre et coquet de nos maisons. On aura soin d'économiser sur sa dépense en fermant les robinets, lorsqu'on se retirera des appartements, et en les baissant si on n'a pas à utiliser toute la flamme.

Si on ne veut pas cet éclairage, on mettra à sa place une lampe à volute, c'est-à-dire à suspension valant de 25 à 30 francs, ou en vieux cuivre fondu ou nickelé, comme luxe, valant de 100 à 200 francs.

On emploiera les meilleures bougies pour les appartements supérieurs, on les apportera toujours dans des bougeoirs afin de ne pas répandre partout les taches de bougie.

PREMIER ÉTAGE

On entend par chambre de maitre une pièce très aérée possédant une cheminée ; dans le genre riche, style Louis XV, on emploie les bois laqués, palissandre, ébène, noyer fin ; les lampas brochés, les satins laine ou soie, et les guipures ou mousseline batiste. Cependant nous n'approuvons pas les tissus et draperies à la mode.

Les rideaux en étoffe lourde qui se font aujourd'hui coûtent très cher et sont nuisibles à la santé ; si on venait à coucher dans ces fouillis trois mois avec une fièvre typhoïde ou une variole, comment en opérer le nettoyage et qui oserait s'y recoucher ? On devrait mettre plutôt les rideaux de lit et de fenêtre en tissus coton blanc ou couleur grand teint, très jolis dessins, pour qu'on puisse les laver facilement et pour que la décomposition des couleurs ne soit pas nuisible à notre santé.

Dans les fortunes moindres, on utilise le bois de chêne, le noyer, la façon acajou. On garnira de cretonnes meuble à petits bouquets, de percales, bazin blanc. La mousseline fait un ensemble gracieux, mais elle est moins solide.

Les meubles se composent d'un lit avec des roulettes pour ménager le parquet ciré ou parfaitement entretenu blanc par des lavages à éponge humide, faits chaque mois; le lit sera garni d'un sommier ; le genre chainette est très propre, il sera recouvert d'une toile claire, s'enlevant à volonté, elle protègera la toile du matelas en crin végétal. Sur ce dernier, on mettra le matelas en laine; l'un des deux traversins, celui de la tête, sera en crin de préférence et celui des pieds en paille de maïs. Les couvertures seront en coton blanc pelucheux ou piqué sec, articles se lessivant. Les courtes-pointes piquées de laine, à gros carreaux; en percale, dessus et dessous aux teintes solides et claires; le couvre-lit pareil aux rideaux;

D'une table de nuit avec ses garnitures qui doivent toujours être très propres;

D'une commode ou chiffonnière, d'une armoire, descente de lit, etc.

Une chambre varie de 600 à 1,500 fr.

Le cabinet de toilette est une petite pièce qui se trouve ordinairement près de la chambre à coucher, où l'on va faire des ablutions d'eau froide. On y mettra une toilette-lavabo, un seau hygiénique avec son couvercle et son broc d'une valeur de 12 fr.;

Un crachoir en tôle peinte, valant 1 fr.;

Une armoire en bois blanc contenant en bas les vieux linges, en haut les articles d'hygiène suivants :

Une bouillotte cylindrique à eau chaude de $0^m 40$ de longueur, valant 6 fr. Une commodité en porcelaine, valant 3 fr. Un irrigateur-injecteur, valant 5 fr. Un bain anglais, valant 8 à 10 fr.

Chambre à coucher des enfants

La chambre des enfants sera à proximité de celle des parents, afin qu'ils puissent en faire la surveillance; l'enfant n'y sera envoyé que lorsqu'il aura cinq ou six ans. Son lit peut être en fer; il sera garni d'un sommier *à chaînette*, valant 30 fr.

D'un matelas, crin végétal ou varech, valant 12 fr.

D'un matelas laine, 12 kil., 35 fr.

D'un oreiller, valant 5 fr.

Les draps de ce lit seront moins longs et moins larges que ceux des grands lits.

Les couvertures seront en coton molletonné, et la mère pourra faire un joli dessus de lit au filet pour l'élégance de la couchette de son enfant.

Les rideaux seront en jolie Perse ou en bazin de 0,80 à 1 fr. le mètre. Ils seront passés dans un anneau; il faudra 24 mètres pour le lit et 12 mètres pour les fenêtres.

Le reste de l'ameublement sera simple et coquet; la chambre d'un enfant doit être gaie sans être tapageuse. Les quelques tableaux qui y seront devront reproduire des faits historiques à sa portée ou des paysages qui lui plaisent. Lamartine nous dit avec raison : « Notre âme est une source errante qui dans son onde transparente, s'empreint de la couleur des lieux. » L'âme de l'enfant surtout est impressionnable et délicate dans son ingénuité. Elle conservera toute la vie un reflet de ses premières études, et, certes, le premier travail intellectuel de l'enfant se fait dans sa chambre à coucher. Suivez-le dès le matin, il s'éveille avant tout le monde, il tourne sa tête à droite, à gauche, examinant, bâtissant un château de cartes à sa fantaisie.

Nous devons alors lui donner toujours de beaux exemples, du triste, du sérieux quelquefois pour façonner son jugement et former son âme. N'oublions pas ces sombres vers de Musset :

> Le cœur de l'homme vierge est un vase profond.
> Lorsque la première eau qu'on y verse est impure,
> La mer y passerait sans laver la souillure,
> Car l'abîme est immense et la tache est au fond.

Salle de bain

Nous placerons la salle de bain à côté de la chambre des enfants pour qu'on puisse les débarbouiller plus facilement le matin.

Les accessoires d'une salle de bain sont : une baignoire, valant de 40 à 150 fr. Un appareil à douches à pression, valant 200 à 300 fr. Il y a un appareil à douches ordinaires avec pompe à volant qui vaut 60 fr.

Un bain de siège en zinc, valant 17 fr.

Lingerie

Il faut administrer la lingerie avec beaucoup d'ordre, c'est l'orgueil d'une maîtresse de maison, non par la quantité de linge que cette pièce contient, mais par la propreté et l'arrangement qui y règnent. Je n'approuve pas de mettre serviettes et draps entassés les uns sur les autres; si on ne s'en sert pas, le linge s'use et jaunit, c'est un capital sans intérêt. Cependant il faut une certaine provision de linge : non seulement l'indispensable, mais encore une certaine quantité de réserve.

Le linge indispensable pour quatre personnes est :

Six services de table, linge de Clermont, valant de 25 à 30 fr. le service.

Trois douzaines serviettes de toilette, œil de perdrix, valant 12 fr., la douzaine.

Trois douzaines serviettes éponges, à 6 fr.

Trois douzaines torchons, à 6 fr.

Douze paires de draps en toile fil Voiron ou en cretonne de Rouen.

Pour faire des draps, on emploie la toile de 1 mèt. de large sur 3 mèt. de longueur en deux lès, qu'on coud en surjet fin après les avoir faufilés ensemble. On pourra remonter les draps du côté de la lisière extérieure lorsqu'ils seront usés sur le milieu. On vend des toiles d'une seule largeur pour draps sans couture, ces derniers sont plus beaux, mais ils coûtent plus cher et on ne peut les retourner.

Pour une femme il faut de toute nécessité qu'elle ait :

Deux douzaines chemises de jour,
Une douzaine pantalons,
12 camisoles blanches ou couleurs,
6 tricots ou cache-corset,
6 jupons de dessous en percale, blancs ou couleur,
12 résilles de nuit,
Trois douzaines mouchoirs,
Deux douzaines paires de bas,
Deux douzaines linges de propreté,
6 cols,
6 paires poignets,
6 tabliers de service.

Par économie on fera le linge de corps solide ; on le garnira de dentelle de fil, bonne qualité, ou d'une broderie ouvragée sur bonne étoffe de coton ou de fil.

Quand le linge sera propre, on le repassera après en avoir fait l'examen pour remettre les boutons qui manquent ou refaire les points décousus. Les pièces de linge qui sont percées seront soigneusement pliées dans une corbeille ; et dans le courant du mois on en fera le raccommodage, employant toujours une étoffe assortie, une aiguille et du fil qui permettent de faire les points très fins. La pièce qui sert au raccommodage sera posée sur l'endroit de l'étoffe et rabattue à l'envers. Dans le reprisage, elle sera posée à l'envers et reprisée au dessus.

Pour repasser le linge, il faut un fourneau cloche, pouvant contenir cinq fers sur les côtés, valant 8 fr. Les fers valent 1 fr. pièce.

Ce fourneau peut supporter une marmite dans les petits ménages; pour économiser son charbon, on pourra ce jour-là faire le bouillon à ce feu.

Deux fers à tuyaux, deux grosseurs,
Deux fers à œuf pour bouillons,
Un porte-fer en zinc, le tout valant 3 fr.

Pour le repassage, il faut ordinairement une planche de 1 mètre de long qu'on recouvre d'une vieille couverture, d'un morceau de vieux drap de lit. On fait ordinairement des poignées d'étoffes en superposant cinq ou six morceaux l'un sur l'autre taillés en rond ou ovale et bordés au cordon. Lorsque tout le linge plat sera repassé, commençant par les plus petites pièces, on les divisera en paquets de six, et on les attachera avec une lisière blanche. Dans la lingerie, qui se compose d'un ou plusieurs placards divisés en compartiments, on étendra un linge vieux. On placera dessus les draps pliés en sens de la largeur. On mettra dans leurs plis des feuilles de laurier, de verveine ou de lavande. Au devant des draps, on rangera les petits paquets de six. On couvrira le tout avec une mousseline grossière azurée, et on fermera son linge à clef.

On amidonne le linge fin, en choisissant un beau jour de soleil qui permet de sécher et fait raidir admirablement l'emposage. On fera d'abord l'amidon dit au froid, en délayant ce dernier par petite quantité dans très peu d'eau fraîche. Lorsque avec 50 gr. d'amidon dissous on aura un litre de liquide, on prendra son linge sec et on le plongera dans ce bain ; on laissera macérer la pièce en l'égouttant dans un linge pendant une heure l'été et trois heures l'hiver. On prendra un fer propre et chaud, on l'appliquera sur la pièce, on l'y promènera doucement en étirant beaucoup. Pour les tissus légers, on fera bouillir un verre d'eau, on y dissoudra un grain de borax. On délayera à froid l'amidon voulu, on ajoutera l'eau bouillante *(amidon cuit)*. Avec 50 grammes d'amidon on fait 50 pièces de moyenne dimension. Les rideaux de lit en mousseline nécessitent un bain plus considérable d'autant plus qu'il faut les égoutter sans les tordre. La mousseline céderait facilement ; l'amidon use les fils de l'étoffe. On aura soin de ne pas faire une grande provision de linge amidonné.

Vestiaire.

On entend par vestiaire une pièce de deux à trois mètres carrés où l'on range ses habits.

Le vestiaire recevra peu de jour, suffisamment pour donner de l'air aux habits. Il se compose d'une planche de 0^{m}25 de large solidement appuyée faisant le tour du vestiaire. Cette planche supportera les chaussures qui seront recouvertes d'un rideau ; les cartons et les boites seront traités avec le même soin. Sous cette planche seront appliqués au mur plusieurs têtes porte-manteaux, valant, le mètre, environ 1 fr. 50.

On suspendra tous les vêtements d'homme en les appuyant sur deux têtes, ainsi que ceux de femme, sauf les jupes qui seront suspendues par un cordon cousu à la ceinture.

On ne mettra les habits dans le vestiaire qu'après les avoir brossés, raccommodés ; on placera entre les robes, attachés par un fil, au porte-manteau, des branches de laurier ou paquets de lavande : on recouvrira le tout d'un rideau fait avec une percale bon marché ou un jupon démodé.

Chambre d'Amis.

Si le local le permet, on fera une chambre d'amis ; c'est-à-dire une chambre garnie et préparée comme la chambre du maitre avec des flambeaux chargés de bougies, des allumettes, du papier à lettre, d'un encrier et quelques livres agréables. La chambre d'amis supportera les tentures et draperies mode, attendu qu'on y couche rarement. On y mettra de préférence une toilette anglaise à couvert ou forme secrétaire qu'on garnira d'eau fraiche et d'une bonne savonnette.

Cette chambre supportera encore les tapis, les fauteuils capitonnés, les étagères, les stores, le piano, la bibliothèque. Dans la maison ou on n'aurait pas de salon on l'utilisera à cet effet, surtout si on pouvait mettre le lit dans une alcôve fermée, qu'on ouvrirait lorsque le moment serait venu d'aller se coucher. On doit servir sur la table de nuit de son ami un plateau dit : *verre d'eau*, garni de sucre, fleur d'oranger, eau fraiche, verre et cuillère. Il devrait y avoir une sonnette électrique murale ou à main dans tout appartement, en cas d'accident ou besoin urgent.

Chambre des Domestiques.

Elle sera rapprochée de celle des maitres pour que ceux-ci puissent les appeler en cas de besoin. Il y aura un bon lit, une armoire, deux chaises, et un miroir. On leur donnera un pot à eau, du savon et un linge chaque samedi pour passer la semaine.

En mars, chaque année, on nettoiera les lits ou boiseries

des appartements afin d'éviter les punaises. On époussetera chaque article et avec un bout de plume imbibé de la solution insecticide de l'*Economie domestique*, on badigeonnera les fissures. Si on a des procédés meilleurs on les emploiera.

Paillasson.

Devant la porte des appartements on pose des tapis carrés en joncs tressés, en crin végétal, valant de 2 à 3 francs et qui ont pour but de ménager le plancher des appartements contre les pieds humides et sales. On doit toujours frotter les pieds avant d'entrer.

Greniers.

Les greniers sont placés sous le toit, mais plutôt bâtis au midi d'une maison, s'ils sont destinés à la conservation des grains, farines, châtaignes, pommes, poires, raisins, petit salé. Pour les blés, on fait des séparations en planches, dont l'une pour le froment, l'autre pour le seigle, une autre pour l'avoine, une autre pour l'orge et une autre pour le maïs et les haricots et chenevis. On doit y faire souvent la chasse aux rats, enlever les toiles d'araignée et la poussière chaque semaine; pelleter souvent le grain après dépiquaison et surveiller les charançons qu'on détruit en vannant le grain ou avec les procédés indiqués dans les manuels complets d'agriculture, ou avec la solution insecticide de l'*Economie domestique*. Il doit y avoir des pointes pour suspendre les paniers, les tamis et les sacs raccommodés, qu'on roulera par six avec une petite corde.

TROISIÈME PARTIE

NOTIONS

D'AGRICULTURE, HORTICULTURE et FLORICULTURE

Notions d'Agriculture, Horticulture et Floriculture

Nous voici en pleine campagne, aux portes de la ville. Notre maison est bâtie, meublée, approvisionnée. Nous sommes de bonnes bourgeoises, hier nous avons fait nos visites de premier de l'an. Partout l'on nous a reçues avec considération, tout comme si nous étions les dames distinguées de la ville.

C'est que la femme simple et bien élevée a les meilleures sympathies.

Aujourd'hui, occupons-nous de ce qui nous regarde dans la propriété. Nous avons à voir les jardins potagers, fruitiers, fleuristes; s'il fait trop froid nous nous occuperons de la basse-cour, de ses dépendances et nous causerons tous ensemble des prairies et des champs. Comme nous sommes peu expérimentés, faisons un programme des travaux qui incombent à chaque mois de l'année.

Janvier.

Direction. — Inventaire, clore les comptes de l'an passé, relouer les domestiques.

Agriculture. — Epierrer les terres et les prairies et porter les cailloux sur les chemins; s'il gèle, faire ferrer à glace les bestiaux.

Main d'œuvre. — Préparer à l'intérieur les chanvres et les lins; les marrons secs, les haricots pour la vente.

Bétail. — Faire surveiller la naissance des agneaux. Continuer d'engraisser les bœufs et moutons pour la vente, le cochon pour le ménage.

Basse-cour. — Donner à manger matin et soir aux volailles, lapins et pigeons.

Jardin potager et fleuriste. — Couvrir tout ce qui est resté en pleine terre, ainsi que les jeunes arbustes.

Février.

Direction. — Vendre les bœufs gras, les froments pour semences de mars et haricots.

Agriculture. — Labourer les terres, défoncer, porter le fumier aux champs.

Main-d'œuvre. — Choisir les pommes de terre de semence, donner du sel aux bestiaux, *du sirop* de miel aux abeilles.

Bétail. — Surveiller la naissance des petits cochons et des chevreaux.

Basse-cour. — Nettoyer les poulaillers.

Jardin fruitier. — Tailler les haies, semer les pépinières, planter les pommiers, poiriers, cerisiers, pruniers, pêchers, abricotiers.

Mars.

Direction. — Surveiller les semailles et l'assainissement de toutes les terres. Vendre les chevreaux et agneaux.

AGRICULTURE. — Herser les terres, couper les labours en sillons pleins, labourer et fumer la vigne.

MAIN-D'ŒUVRE. — Couper les bois taillis, engraisser les prairies, rouler les semences.

BÉTAIL. — Sortir les bêtes soir et matin régulièrement.

BASSE-COUR. — Faire couver les œufs de poule, de canard, d'oie, de dinde, donner aux lapins du foin pour faire les nids.

JARDIN. — Faire les divisions de plate-bandes, transporter les oignons de fleur, tailler les buis.

Avril.

DIRECTION. — Nettoyer les ruches, les rapprocher des champs de sainfoin, surveiller la naissance des poulains et des veaux, commencer les fromages.

AGRICULTURE. — Ensemencer les pommes de terre, les chènevis, luzernes, trèfles.

MAIN-D'ŒUVRE. — Bâtisses, réparations, propreté.

BASSE-COUR. — Surveiller l'éclosion des poulets.

JARDIN. — Greffer les arbres, ensemencer toutes les plantes potagères, les pois, mettre les dahlias en terre. Semer les coquelicots, giroflées, pieds d'alouette, résédas, etc., etc.

Mai.

DIRECTION. — Surveiller les essaims. Vendre les bêtes qui ont pris le vert.

AGRICULTURE. — Labourer pour le maïs, les haricots ou betteraves au jardin ou en pleine terre.

MAIN-D'ŒUVRE. — Commencer le sarclage.

BASSE-COUR. — Donner aux jeunes poulets des pâtures de riz, de graines bouillies; aux oies, du son mêlé avec des orties; aux canards, des pommes de terre cuites; vendre les œufs des poules.

JARDIN. — Continuer d'ensemencer les graines potagères, radis, salades, haricots; ramer les pois. Semer les dernières semences de fleurs.

Juin.

DIRECTION. — Faire les préparatifs de la fenaison et de la moisson, prévenir les ouvriers.

AGRICULTURE. — Faucher les fourrages artificiels, transplanter les racines longues, salsifis, butter les pommes de terre, le maïs, haricots, biner ou sarcler toutes les petites plantes.

MAIN-D'ŒUVRE. — Nettoyer les allées, les écuries, faner les prairies, arracher le lin, arrosages.

BASSE-COUR. — Surveiller les pontes, les activant en donnant un peu d'avoine. Vendre les premiers poulets et les premiers lapins et pigeons.

JARDIN. — *Terrer* les arbres, les arbustes, enlever les fleurs tardives à ceux qui portent des fruits. Bouturer à l'ombre, mettre des tuteurs, faire des bouquets avec les fleurs des plantes trop chargées, les vendre.

Pincer les pois en enlevant *20 centimètres* de haut, enlever les fils des fraisiers.

Juillet.

Direction. — Activer la rentrée des foins, nettoyer les greniers, prévenir les batteuses, faire tondre les brebis.

Agriculture. — Faucher, préparer les liens, récolter les feuilles d'orme et d'accacia pour litière, changer les ruches près des blés sarrasins.

Main-d'œuvre. — Moissonner, semage du foin rouge.

Basse-cour. — *Nettoyer* les poulaillers, vendre les poulets, canards, etc.

Jardin. — Semer les raves; cueillir les graines à mesure qu'elles mûrissent, greffer les rosiers; planter le céléri.

Août.

Direction. — Activer la moisson et la rentrée des gerbes, sevrer les poulains, vendre les veaux et bêtes qui ont pris chair; grande surveillance, préparer les sacs pour le grain.

Agriculture. — Découvrir les raisins pour qu'ils profitent du soleil, arroser les prés, retourner les terres immédiatement après la récolte, semer le trèfle, les navets, raves.

Main-d'œuvre. — Arracher le chanvre, le rouir avec le lin dans les prés.

Basse-cour. — Vendre les poulets.

Jardin. — Arroser.

Septembre.

DIRECTION. — Battre le grain si on ne doit pas le faire l'hiver et le vendre, commencer à préparer les futailles.

AGRICULTURE. — Conduire les engrais dans les champs, retourner les trèfles fauchés, arracher les pommes de terre, recueillir le chanvre porte-graine.

MAIN-D'ŒUVRE. — Dernière coupe de sainfoin, récolter les feuilles destinées à la nourriture du bétail en hiver.

BASSE-COUR. — Commencer l'engrais des oies, canards, poules et pigeons qu'on veut vendre. Ces bêtes *tombent* la plume; il faut les empêcher d'aller dans les prairies, où les bestiaux peuvent avaler ces plumes, ce qui les ferait tousser.

JARDIN. — Recueillir les oignons de fleurs, mettre en terre les plantes d'hiver, cueillir les poires mûres; faire le cidre si on ne peut attendre à la fin octobre pour laisser mûrir les pommes. Cueillir les haricots secs.

Octobre.

DIRECTION. — Terminer les vendanges, fabriquer le vin, faire pelleter les grains.

AGRICULTURE. — Semer les froments, avoine d'hiver, ramasser les châtaignes et *réclamer* les racines fourragères.

MAIN-DŒUVRE. — *Rigoler* les prés, relever les murs.

BASSE-COUR. — Vendre ce qu'on ne peut pas engraisser.

JARDIN. — Semer les épinards pour février et mars,

couper les tiges des plantes vivaces qui ne fleurissent plus. On met en terre les oignons de muguet, les couronnes impériales.

Novembre

Direction. — Faire le bois de chauffage pour l'hiver.

Agriculture. — Nettoyer les instruments d'agriculture, les mettre à l'abri du mauvais temps.

Main-d'œuvre. — Ramasser les feuilles des bois et des châtaigneraies pour la litière, ce qui permettra d'avoir plus de fumier, de donner à manger la paille aux bestiaux; commencer l'engrais du cochon qui doit se manger pour la maison, achever d'égrener le maïs et le vendre.

Basse-cour. — Egorger les volailles grasses, faire la vente des foies gras.

Jardin. — Planter les arbres *arrachés* aux pépinières, rentrer toutes les fleurs en serre.

Décembre

Direction. — Abriter les abeilles, râtisser les allées, botteler le foin pour l'hiver. Faire moudre avant la forte gelée.

Agriculture. — Serrer les haies aux passages.

Main-d'œuvre. — Marquer avec une enseigne qu'on ne passe pas dans tel ou tel champ : avec la terre mouillée chaque pas de bête ou d'homme fait un petit lac. Faire le drainage.

Basse-cour. — Manger les volailles inutiles afin d'économiser la pâture d'hiver.

Jardin. — Couvrir d'un linge de paille les arbustes replantés en novembre. Couvrir les asperges avec une couche de fumier. Abriter sous châssis les plantes encore vertes. Avant la gelée, arracher les dahlias et les suspendre en lieu sec.

Les terres sont généralement formées de plusieurs éléments ou substances ayant des propriétés différentes et dont les principaux sont : le silice, l'argile et le calcaire ; suivant que l'argile, le silice ou le calcaire domine, on dit que la terre est argileuse, siliceuse, calcaire.

Terres argileuses.

Les terres argileuses sont celles qui absorbent l'eau et la retiennent, font pâte avec elle et qui se fendent en séchant.

Terres siliceuses.

Celles-ci jouissent des propriétés entièrement opposées à celle des terres argileuses.

Terres calcaires.

Les terres calcaires pures sont dites : terres crayeuses et sont très mauvaises. Les terres ordinaires, les terres dites : de calcaires, jouissent des propriétés attribuées à l'argile et à la silice, mais elles sont en général moins fortes que les terres argileuses et plus compactes que les terres siliceuses.

Il ne faut jamais remuer les terres mouillées, on attend qu'elles soient égouttées.

Humus.

On appelle humus le fumier pur décomposé. Le terreau est aussi du fumier qui, par une décomposition complète, est arrivé à l'état de terre.

Fumiers.

Les fumiers frais que l'on appelle encore engrais. On doit en ramasser le plus possible en faisant bonne litière et en retenant le purin qui est le meilleur bouillon nutritif pour la terre. Il y a des fumiers de diverses natures. Le fumier d'écurie ou de cheval est le plus généralement employé pour faire les couches de semences. Le fumier d'étable ou de bêtes à cornes convient plus particulièrement pour les terres légères, surtout si on ne peut point arroser à volonté. Le fumier de bergerie, comme celui de mouton, convient aux terres fortes.

Le fumier des oiseaux de basse-cour ne s'emploie que mélangé avec une grande quantité de terre ou délayé en petite quantité dans de l'eau qui sert aux arrosements. Encore n'est-ce pas prudent de répandre cette eau sur les feuilles des plantes que l'on mange.

On épierre en purgeant la surface de la terre, des graviers qui rendent tout bon labour impraticable.

On appelle défoncer, fouiller les terres déjà épierrées, soit à la pioche, à la bêche, au pic, ou à la grande charrue suivie d'une fouilleuse; extraire en même temps du sous-sol les pierres perdues, les blocs ou dents de rocher, dont la présence interdit l'emploi de tous les instruments perfectionnés et l'exécution de toutes les façons minutieuses. Le défoncement est très avantageux pour le développement des plantes; une terre et un jardin défoncés produisent des légumes gros, savoureux et nombreux. Ce n'est que lorsque le nivellement est opéré et que la terre a eu le temps de s'asseoir que l'on trace les divisions d'un jardin; puis on plante les arbres et les bordures.

Labour.

Le labour se fait avec la charrue, la bêche, la fourche, la pioche ou la houe. Dans les labours d'hiver, on laisse les mottes grosses, tandis que dans les labours d'été on les brise.

Hersage.

Le hersage s'opère dans les champs avec la charrue, et, dans les jardins, avec le râteau; il a pour but d'ameublir la surface de la terre.

Plombage.

Cette opération consiste, dans le jardin, à tanner le terrain nouvellement préparé dans lequel on veut faire des semis ou des plantations. On plombe avec des planchettes ou bien avec des sabots usés.

Sarclage ou Binage.

Le sarclage a pour objet d'enlever à la main toutes les plantes qui salissent une culture.

Par le binage, on remue et on divise le sol entre les plantes. Suivant l'espacement des plantes, il se fait avec la pioche, la binette ou la serfouette.

Buttage.

Il a pour but d'accumuler de la terre au pied des plantes; il se pratique pour les pommes de terre, le maïs, les haricots et la betterave.

Ratissage.

Il a pour objet le nettoyage des chemins. Il se fait avec un instrument à dents appelé ratissoire.

Paillage.

Il consiste à répandre sur un terrain déjà planté, du fumier long ou simplement de la paille. Il a pour objet de maintenir la fraîcheur dans le sol en le fertilisant, d'économiser les arrosements et d'empêcher le soleil de brûler les plantes délicates qui viennent de naître.

Terreautage.

Il consiste à répandre du terreau sur la surface des semis : c'est le meilleur procédé pour obtenir des semis vigoureux et actifs.

Les Couvertures.

On doit dans les jardins avoir toujours à sa disposition des paillassons pour couvrir les semis qui redoutent les froids ou la grande chaleur.

Arrosements.

Les arrosements se font au moyen de rigoles, ou bien avec les arrosoirs ou la pompe à arroser. Avec l'arrosoir on arrose de deux manières : au goulot ou bien à la pomme en pluie. On se sert du goulot pour les plantes repiquées en sillon, de la pomme pour les semis en pleine terre ou les plantes délicates.

Repiquage.

Cette plantation se pratique sur les plantes herbacées; il se fait au moyen d'un plantoir. Il faut faire en sorte que les racines ne soient jamais pliées et rapprocher la terre des racines au moyen du plantoir.

Eclaircir.

C'est enlever à la main ou avec un instrument les plantes qui sont en trop grande quantité dans un semis et les repiquer ailleurs, en sillons ou en plein champ.

Greffer.

On greffe en fente, à l'écusson et en couronne. Pour greffer en fente, on coupe le sujet à certaine hauteur au moyen d'un couteau, on fend 4 ou 5 centimètres, on a son greffe taillé en forme de coin, on en remplit la fente en ayant soin de mettre écorce contre écorce; la sève pousse et cimente les deux branches. Toutefois, il faut avoir soin de les plier à la blessure avec un morceau de terre glaise et un chiffon. C'est le greffage le plus facile.

Outils.

Après qu'on se sera servi des outils, on les nettoyera et on les rangera en bataille sous le hangar.

Les outils d'agriculture sont nombreux; les principaux sont :

Le joug, qui est une pièce de bois posée par dessus la tête et le cou des bœufs et avec laquelle ils sont attachés pour labourer ou tirer quelque voiture, tel que le char.

La charrue autrefois était tout en bois; aujourd'hui elle

est arrivée à un perfectionnement accompli ; elle est construite en fer.

La herse, qui est un instrument en forme d'échelle courte et large, garnie de dents de fer, est destinée à briser les mottes de la terre.

La pelle Lyonnaise, large de 0m25 cent., haute de 0m30 cent. forme pointue et carrée, sert à faire les drainages, le nivellement des chemins ou des allées.

La pioche piémontaise, à couteau carré tranchant d'un côté, qu'on emploie dans le sillon des labours pour défoncer profondément.

Le pic méridional, très fort pointu d'un côté, à talon-marteau de l'autre, qu'on emploie pour briser les grosses mottes de terre, les pierres, fendre le bois, etc.

La faux, pour couper l'herbe des prairies; on l'aiguise en l'appuyant sur un billot de fer enfoncé dans la terre, et en frappant à petits coups avec un marteau sur le tranchant de la faux, ce qui le fait très mince, puis on le passe sur la pierre dite à faux et on rend l'outil aussi tranchant qu'un rasoir.

La faucille, pour couper les blés mûrs, qu'on préfère en forme demi-cercle dans notre région et que la meule à manivelle rend tranchante comme la faux.

Les autres instruments utiles sont :

Le coupe racine cylindrique, qui est un instrument propre à hacher les racines pour l'usage des bestiaux.

Le hache-paille qui sert à couper la paille ou le fourrage, qu'on donne aux bêtes, et qui a l'avantage de faire utiliser toute la part qui leur est faite.

La meule, qui est un corps rond et plat, servant à broyer les grains, afin d'en favoriser l'assimilation chez les animaux.

La faucheuse, machine servant à couper le foin. Le maitre doit en surveiller la manutention, qui en est délicate, et veiller surtout à l'épierrage des prairies. Une scie à faucheuse coûte cher et vaut la peine de la surveillance.

La moissonneuse, instrument servant à la récolte des grains.

On ne l'emploiera que dans les grosses propriétés, encore là où l'on peut s'entendre entre propriétaires pour l'utiliser.

Dans les petites exploitations, sa possession n'a pas de raison d'être et son travail ne couvre pas la mise de fond.

Le Printemps

Déjà les nuits d'hiver moins tristes et moins sombres,
Par degré de la terre ont éloigné les ombres;
Et l'astre des saisons, marchant d'un pas égal,
Rend au jour moins tardif son éclat matinal.
Avril a réveillé l'Aurore paresseuse;
Et les enfants du Nord dans leur fuite orageuse,
Sur la cime des monts ont porté leurs frimas.
Le beau soleil de Mai, levé sur nos climats,
Féconde les sillons, rajeunit les bocages,
Et de l'hiver oisif affranchit ces rivages.
La sève, emprisonnée en ses étroits canaux,
S'élève, se déploie et s'allonge en rameaux;
La colline a repris sa robe de verdure;
J'y cherche le ruisseau dont j'entends le murmure.
Dans ces buissons épais, sous ces arbres touffus,
J'écoute les oiseaux mais je ne les vois plus.
Des pâles peupliers la famille nombreuse,
Le saule ami de l'onde, et la ronce épineuse,
Croissent au bord de l'eau en longs groupes rangés.
Dans leurs feuillages épais, les zéphyrs engagés,
Soulèvent les rameaux et leur troupe captive,
D'un doux frémissement fait retentir la rive.
Le serpolet fleurit sur les monts odorants;
Le jardin voit fleurir le lys, roi du printemps,
L'or brillant du genêt couvre l'humble bruyère;
Le pavot dans les champs lève sa tête altière;

L'épi cher à Cérès, sur sa tige élancé,
Cache l'or des moissons dans son sein hérissé ;
Et l'aimable Espérance à la terre rendue,
Sur un trône de fleurs, du ciel est descendue.
Dans un humble tissu, longtemps emprisonné,
Insecte parvenu, de lui-même étonné,
L'agile papillon, de son aile brillante,
Courtise chaque fleur, caresse chaque plante ;
De jardin en jardin, de verger en verger,
L'abeille en bourdonnant, poursuit son vol léger ;
Zéphyr ! pour ranimer la fleur qui vient d'éclore,
Va dérober au ciel les larmes de l'aurore ;
Il vole sur la rose et dépose en son sein,
La fraîcheur de la nuit, les parfums du matin.
  Le Soleil élevant sa tête radieuse,
Jette un regard d'amour sur la terre amoureuse,
Et du fond des bosquets, un hymne universel
S'élève dans les airs et monte jusqu'au ciel.
L'amour donne la vie à ces beaux paysages.
Pour construire leurs nids, les hôtes des boccages,
Vont chercher dans les prés, dans les cours des hameaux,
Les débris des gazons, la laine des troupeaux.
L'un a placé son nid sous la verte fougère,
D'autres aux troncs mousseux, à la branche légère,
Ont confié l'espoir d'un mutuel amour.
Les passereaux ardents, dès le lever du jour,
Font retentir les toits de la grange bruyante ;
Le pinson remplit l'air de sa voix éclatante,
La colombe attendrit les échos des forêts,
Le merle, des taillis, cherche l'ombrage épais,
Le timide chevreuil, la sensible fauvette,
Sous la blanche aubépine ont choisi leur retraite ;
Et les chênes des bois offrent à l'aigle altier,
De leurs rameaux touffus, l'asile hospitalier.

MICHAUD.

Nous avons, dans l'agriculture, trois travaux principaux, qu'il est utile d'apprécier :

  1° La fenaison ; 2° La moisson ; 3° Les vendanges.

LA FENAISON

C'est en mai que, dans les pays de fourrage, on prive les bestiaux de manger dans les prairies. On les conduit dans d'autres pâturages suffisamment fournis par la végétation printanière qui enrichit toute la nature.

L'herbe des prés, ainsi préservée, épaissit, pousse et elle est d'excellente qualité, si le propriétaire a donné des soins agricoles à cette partie de l'agriculture qui est le véritable trésor de la ferme. Par soins agricoles, nous entendons, d'abord, l'épierrage des prairies. Deux fois par an, on fera passer dans les herbes courtes une personne, un mendiant de campagne, auquel on donnera seulement 75 centimes par jour et nourri, qui ramassera, dans un panier à cet usage, tous les cailloux et les débris étrangers aux foins.

A chaque retour des saisons, on aura soin de mettre un homme capable pour faire les drainages des prairies, c'est-à-dire des rigoles transversales et fendre en sens inverse le terrain, chaque deux mètres, afin de favoriser l'arrosement. On doit, à cette fin, ménager un étang dans les parages ; on doit aussi recueillir les eaux de pluie lorsqu'il en tombe. Ces dernières sont le *Fer Bravais* des herbages. Après avoir lavé les chemins, elles contiennent des qualités d'engrais excellentes. On ne doit pas les laisser perdre, et, si avec le voisin, on avait des contestations à cet effet, on demandera une vacation d'expert qui, sans procès, déterminera la division de ces eaux. Il vaut mieux s'entendre à l'amiable que plaider : Racine dit, dans ce cas, « qui gagne perd ». Enfin, annuellement, on répandra dans les prairies du phosphate de chaux ou d'autres engrais naturels. Les fumiers de basse-cour seront tous employés utilement dans les prairies, attendu que par les pâturages qu'on fait aux volailles, dans cette dépendance de l'habitation, ces engrais sont pleins de graines herbacées, désagréables au champ.

Dans les prairies marécageuses, on trouve souvent des plantes nuisibles, telles que la cuscute, la fougère, le jonc, la rhinante, la mousse, le souchet, la scirpe en globule. On aura soin de les combattre en y déposant les cendres de lessive, additionnées de phosphate de chaux, les terreaux des viviers ou des chemins déjà mis en compôts, saupoudré de plâtre arrosé au sulfate de fer. Mais, supposons la prairie en parfait état ; les herbes sont hautes, fleuries, parfumées. Nous y trouvons toutes les plantes fourragères : « Agrotis vulgaire, antyllide, astrance, avoine des prés, avoine fragile, avoine jaunâtre, avoine pubescente, brize tremblante, brome doux, brome des bois, brome à épis, centaurée des prés, crételle des prés, dactyle pelotonné, égilope, fétuque durette, fétuque flottante, fétuque glauque, fléole des prés, flouve odorante, gesse des prés, gesse des bois, houlque laineuse, houlque molle, ivraie vivace, jasione de montagne, kœlerie, lotier corniculé, luzerne, mélilot, mélique ciliée, paquerette, paturin aquatique, paturin commun, paturin des prés, pied-d'oiseau, pimprenelle petite, sainfoin, trèfle à tête d'or, trèfle blanc, trèfle commun, trèfle incarnat, trèfle jaune, trèfle de montagne, vesce commune, vesce multiflore, vulpin des prés ». Mille insectes bourdonnent dans leurs ramures, les alouettes ont fait leur nid sous la marguerite qui penche, les serpents même enroulent dans leurs replis les tiges des narcisses ; la prairie, en maturité, c'est le palais des oiseaux, des cigales, des sauterelles, des grillons, des fourmis, des reptiles. Chacune de ces bêtes a choisi, là, son quartier général.

Aussi, si vous passez le soir ou le matin au bord des prairies, sous l'allée des peupliers qui les entourent, vous entendrez mille sons bizarres, confus, agréables, qui vous arrêteront, comme si les harpes de Sion résonnaient sur leur clavier d'ivoire.

« Suspendons nos instruments de musique aux saules du rivage », écoutons le chant des oiseaux, virtuoses des buissons ; la fauvette, le rouge-gorge, le merle, le chardonneret varient leur chant et s'harmonisent sous l'archet puissant et divin de la nature. La source cristalline cascade avec les brins de mousse et les blancs cailloux, tandis que les libellules, aux vives couleurs, se croisent et se poursuivent sur sa vapeur transparente. Ah ! comme elle est jolie la prairie, comme elle est ravissante la campagne en temps de fenaison. Et les parfums du foin coupé, qui vous montent à la tête. Comme il fait bon ! Ils vous font clore les yeux, vous rafraîchissent la pensée, car :

> Notre âme est une source errante,
> Qui dans son onde transparente,
> S'empreint de la couleur des lieux.
> De la nature elle est l'image :
> Tantôt sombre comme un nuage,
> Tantôt pure comme les cieux.
> Si, quittant ses rives fleuries,
> Ses flots, par leur pente emportés,
> Vont laver ces plages flétries
> Par l'ombre obscure des cités,
> Elle perd sa teinte azurée ;
> Et ne conservant que son nom,
> Elle roule une onde altérée,
> Que souille un orageux limon.
> . . . .

7

Mais, dès qu'abandonnant ces plages
Et retrouvant son lit natal,
Sa pente, sous de verts ombrages,
Ramène son flot de cristal,
Sur le sable blanc qu'elle arrose,
En murmurant elle dépose
L'ombre qui ternit ses couleurs,
Et dans son sein que le ciel dore,
Limpide, elle retrace encore
L'azur du soir ou de l'aurore,
Le bois, les astres et les fleurs !

LAMARTINE.

Vous serez arraché à ces sensations par le timide glouglou de la tourterelle. Cet oiseau est sympathique à la femme plus qu'à l'homme et à l'enfant. Elle ne fuit pas vite à son approche, et souvent, en quittant l'arbuste où elle a son nid, pour aller chercher le grain ou le vermisseau nécessaire à la nourriture de sa famille, elle vous jettera un dernier cri, donnera un dernier regard de votre côté, semblant dire: « Je vous confie mes petits. Ils sont là. » Au contraire, si elle voit un chasseur, un ouvrier, un voyageur, elle tourne en détresse, surtout si ses petits essayent leurs ailes dans les herbes fleuries ; elle se plonge éperdue dans le sillon, et le faucheur, sans le savoir, lui coupe brutalement l'aile, la tête ou la patte.

C'est donc lorsque l'herbe sera en parfaite floraison, la prairie en grande fête, que vous commencerez l'œuvre de la fabrication du foin. Vous direz à l'ouvrier : « Jean, ne manquez pas de vous lever demain à 4 heures ; c'est matin, mais vous irez faire la sieste durant la grosse chaleur ; vous prendrez la grande faux pour couper les herbes aussi ras que possible; pour cela, vous aurez soin de bien l'aiguiser. Vous commencerez vers l'étang, qui est le côté le plus mûr, mais faites un sillon de deux mètres de large dès l'entrée, afin de ne pas être obligés de fouler la prairie lorsqu'on vous portera les repas ou qu'on viendra faner le foin. » Et le jeune ou vieux faucheur ne doit pas manquer d'aller le lendemain à cette précieuse récolte. Il exécutera, le long de la haie et plus loin encore, la fausse avoine, le thym, le serpolet, les mille brins d'herbes odorants et follets qui se confondent. Son outil reluisant se cache dans les touffes et reparaît aussitôt au soleil, par un mouvement cadencé, sorte de balancement original qui donne au faucheur l'allure sérieuse d'un balancier de grande pendule. C'est un métier fatigant. La maîtresse de la maison doit lui servir des repas confortables et aux heures règlementaires. Le faucheur est l'ouvrier qu'on nourrit le mieux. A cinq heures, dans le centre de la France, on lui fait porter un premier déjeuner, ordinairement, une omelette et un dessert; à midi, un second déjeuner ou dîner, se composant d'une excellente part de bonne soupe de campagne, d'un morceau de viande conservée et dessalée, afin de ménager la soif, ou d'un plat de légumes bien cuits de préparation savoureuse; à quatre heures, une salade, du fromage; le soir, un souper analogue au dîner. A chaque repas, on donnera un litre de vin ordinaire et 200 grammes de pain.

Tandis que le faucheur fait son office, on doit diriger le travail de la fenaison. Vers dix heures du matin, on fera disperser à tort et à travers les rangs de foin; vers deux heures, l'après-dîner, on le retournera sens dessus dessous et on l'éclaircira encore en le secouant sur la fourche. L'air et le soleil flétrissent l'herbe et en boivent la sève. Enfin vers cinq heures, on travaillera à le réunir en grosses cordes. On opérera le ratissage autour de ces dernières. Si le temps menaçait d'un orage, on aura soin de faire des tas de un mètre de hauteur et trois mètres de circonférence en posant le foin à plat afin de favoriser l'écoulement des eaux de l'orage, que les replis de l'herbe entassée retiendraient. Si le lendemain on veut rentrer le foin dans la grange, on l'éclaircira encore corde sur corde ; si ce sont des fourrages gras, tels que la luzerne, le trèfle, le sainfoin, on laissera mourir la tige durant deux ou trois jours soit en corde ou en monceau de foin, puis on le secouera pour le sécher ; on fera ce travail avec soin pour ne pas effeuiller les tiges et perdre ainsi le meilleur fourrage.

Le faucheur ne doit pas être dérangé de son travail, sa journée coûte trop cher. On s'occupera loin de lui, l'on surveillera aussi les enfants qui ont la mauvaise habitude dans la prairie de courir vers le faucheur. Ce travail les intéresse, mais ce dernier dans un faux mouvement pourrait les blesser à mort.

Dans les campagnes, tout le monde, maitre, voisins, valets participent ensemble à la fenaison; c'est une occupation récréative et agréable. On doit mettre sur la tête un grand chapeau yoko qui est le plus léger couvre-chef.

Lorsque les herbes sont suffisamment sèches, le char, attelé avec des bœufs ou des chevaux, est amené dans la prairie et on procède à la confection de la charrettée de foin. Ce travail doit être fait par deux personnes adroites et fortes, celle qui donne le foin et celle qui le reçoit; elles n'ont pas de temps à perdre, les bêtes s'impatientant vite des chaleurs et des piqûres de taon. Pour éviter les piqûres de taon, on lotionnera les bêtes, une fois par quinzaine, avec une solution d'aloès dans de l'eau, qui vaut 25 centimes. Sinon on mettra devant les animaux un gamin de 14 ou 15 ans avec une braucho feuillée, qui chassera les mouches.

On ratissera autant que possible en même temps.

Le foin bien travaillé est vert pâle, odorant, plein de fleurs et craquant dans les doigts qui le froissent.

Le foin médiocre est jaunâtre, inodore et mou.

Le foin encore plus mauvais est plein de poussière sablonneuse. Il vient des prairies marécageuses ou inondées, son odeur est celle des feuilles tassées à l'humidité. Les chevaux aiment le foin long à tiges nerveuses. Les vaches et les brebis préfèrent le foin court à côte fine, dans les mêmes bonnes qualités. Si on a du foin mauvais on doit le saupoudrer d'eau suffisamment salée, le remuer longtemps, le mélanger avec de la bonne paille d'avoine avant de le donner aux bestiaux. Si on le mélange avec le foin excellent, les bêtes font le triage du bon et font tomber le mauvais dans les pieds.

LA MOISSON

C'est de fin juillet à mi-août qu'a lieu la moisson dans nos régions méridionales. La direction en regarde le maître, mais s'il n'est pas là, il est utile que la maîtresse de maison sache le suppléer. Elle ne doit pas compter sur les valets, ni sur les voisins. La femme sérieuse s'assurera par elle-même de l'état de son champ. Le grain a germé, la tige s'allonge, l'épi se forme et mûrit sous le jour qui le caresse de ses rayons de soleil ou la nuit qui le rafraichit de sa rosée. A cette époque on sera attentif à son degré de maturité, on s'en assurera en allant aux champs. Pour cela, il ne faut pas craindre la chaleur sur la tête, la poussière et les lézards sous les pieds. Du reste l'un est aussi inoffensif que l'autre, si on est abrité par un grand chapeau de paille et des chaussures bonnes. On prendra un épi au bout du champ, au autre au milieu, un autre à la fin, pour savoir de quel côté devra commencer la moisson : là où le grain est le plus avancé. Pour le connaître on frottera l'épi entre ses doigts. Le grain doit se détacher de son écrin avec quelque peine, il doit être légèrement jaune et céder très peu sous la dent, la paille doit être vert lézard ; si le blé et la paille étaient dorés, ce serait une moisson trop mûre qui s'égrenerait. Dans ce cas, il faudrait avoir un grand nombre d'ouvriers et les faire opérer très matin et le soir très tard afin que la fraîcheur de la nuit resserre l'épi qui retiendra le grain. Après la moisson, on laissera sécher sur le sol la paille quelque temps, puis on fera lier les gerbes soit avec des liens de paille, soit avec les liens de commerce.

Lorsque les blés seront liés, on arrangera les gerbes par tas de douze, couchées, disposées en forme de croix, l'épi tourné vers le centre, afin de favoriser l'écoulement des eaux s'il pleuvait. On comptera le nombre de ces douzaines. Enfin, lorsque toute la récolte de la propriété sera ainsi rangée, on procèdera au transport des gerbes sur l'aire. Là, on fera encore bâtir une meule par un cultivateur expérimenté. Il doit être intelligent, adroit, parce que cette meule doit rester là plusieurs semaines, afin de donner au grain le temps de se perfectionner en prenant le dernier suc de la paille ; c'est alors qu'il devient plein, luisant, plus productif en quantité et en qualité.

On couvrira cette meule d'une grosse toile goudronnée, ou d'une natte afin d'empêcher la pluie de pénétrer au milieu du gerbier, ce qui dans quelques jours amènerait une fermentation préjudiciable ; on interposera un petit tas de ronces entre cette natte et le sommet de la meule afin d'éviter son contact avec l'épi lorsqu'elle sera mouillée et de favoriser par l'élévation du dôme la fuite de l'eau. On doit faire bâtir la meule à 100 mètres de la maison ; dans le cas où une malveillance ou maladresse quelconque lui donnerait feu, on serait à l'abri d'incendier son habitation ; on entourera le fond de la meule de buissons ou pièces de bois pour empêcher les animaux de faire des trouées dans la paille pour chercher le grain.

Dans les pays où se font de grandes moissons, on se sert de machines agricoles pour couper le blé, qui économisent du temps et des bras ; sinon il y a des traites d'ouvriers. Chaque année, lorsque arrive la saison des moissons, les paysans des petits villages du centre émigrent à la plaine, ils s'en vont par 15 ou 20, chantant avec leurs poumons de bronze :

> Gais moissonneurs guidés par la saison
> Plus de misère, notre bras fort et libre
> Doit conquérir partout : le droit de vivre
> Quand nos sueurs ont nourri la moisson.

Mais lorsqu'ils reviennent au foyer, ils font pitié. Nous allons faire le tableau de l'ouvrier sage qui rapporte aux siens le pain de l'année ; il est trop triste de rappeler l'ouvrier joueur, qui rentre sans le sou après avoir dormi dans la grange cinq jours sur six de travail. La chemise du brave moissonneur est noircie de sueur et de poussière, son teint est hâlé comme dans la race mogol, son chapeau est déformé, les ailes tombantes, ses sandales démolies, les doigts du pied et le talon sont dehors tous marbrés d'égratignures de chardons, le pantalon usé au genou, qui a pressé mille gerbes, et le bas relevé pour cacher les franges que les ronces ont effilochées sans égard, sur ses pauvres jambes nerveuses et amaigries. Son regard honnête, son sourire franc parlent heureusement en sa faveur et si vous le rencontrez avant son entrée au village vous n'avez pas peur de lui. Il arrive devant la porte de sa maison, il plonge un regard dans l'intérieur. On ne l'attend pas, la femme jette un cri d'étonnement, pose sur le banc la marmite qu'elle tient dans ses mains pour aller au devant de son mari, et lui dire qu'elle a moissonné le champ, rentré les grains en son absence tout comme s'il avait été là. Chez ces braves gens, on ne s'embrasse pas et on ne se demande pas des nouvelles de la santé.

Les marmots, barbouillés de mûres, de cerises, se cachent, le père est trop noir ; ils ne savent pourquoi. Aussi l'un se roule dans les rideaux à carreaux rouges et blancs du lit qu décore le côté gauche de la cuisine, le cadet se baisse entre un énorme panier de trèfle fleuri et une chaise où le plus jeune faisait un autel avec des branches feuillées volées au râtelier de la chèvre et un tout petit sabot neuf, posé debout, la pointe vers le plafond, pour servir de niche à l'image de Saint-Martin que la vieille institutrice vient de lui donner dans la rue.

Ce dernier marmot a tout laissé là en voyant entrer le père et il est monté à quatre pattes jusqu'au galetas. Il ne bouge plus. Le père qui le chérit entre tous, étant le plus petit, l'appelle par les plus doux noms : Francillou, Francillou, *bèni mé fa un poutou*. Ils résistent tous jusqu'au moment où le moissonneur, s'accoudant sur la table, sort du fond de sa ceinture roulée autour des reins, entre la peau et la chemise, un mouchoir noué contenant 200 fr. en belles pièces de cent sous. C'est le gain des moissons. Les enfants s'approchent émerveillés ; peu à peu, ils se faufilent dans les jambes du papa, lui demandant : l'un de lui acheter un cahier, l'autre un livre, le dernier une toupie. Il ne répond pas, avec sa femme il calcule s'il y a assez d'argent pour acheter la génisse rouge que le voisin conduisit de la montagne, le printemps dernier, à la Saint-Luc.

Combien de fois elle leur a fait envie la jolie bête aux cornes révoltées, à l'encolure robuste, à la cheville bien nouée. Elle donnera un veau, du lait, ce seront des revenus qui mettront à l'aise; on pourra faire de l'aîné un instituteur. Et regardant les enfants, ils donnent un sou à chacun. Ceux-ci, ravis, le posent devant leur assiette jaune que la mère a déjà remplie tout en causant, d'une bonne soupe aux choux, « odorant comme un jardin, fumant comme un cratère, a déjà dit Alphonse Daudet »; puis tous vont dormir joyeux.

N'est-ce pas qu'on est encore heureux aux champs malgré les labeurs?

La vie rustique, l'agriculture, laissent au moins le temps de sentir l'affection des siens, le calme de son repos et le plaisir de ses œuvres!

Après les moissons on retourne la terre par un labour, on produit ainsi avec les tronçons de pailles ou des herbages, un certain engrais et on sème dessus du fourrage, tel que trèfles ou sainfoin rouge. Si on a des terres remplies de mauvaises herbes nuisibles aux récoltes, tels que avoine bulbeuse, bluet, chardon, coquelicot, ivraie d'Italie, liseron des champs, nielle, on aura soin de faucher ces herbages dès la floraison. On pratiquera un labour qui mettra toutes les racines de ces plantes en dehors, elles se dessècheront.

LES VENDANGES

Comme l'on aimait les vendanges naguère! Le propriétaire trouvait là ses larges revenus. Il était heureux de faire apprécier son vin et de le vendre avantageusement. Sa femme s'en réjouissait et les enfants attendaient cette époque comme une part de leur ciel bleu. En effet, les vendanges étaient pour eux surtout une source de plaisirs innocents. Ils invitaient leurs petits ou grands amis; on courait dès le matin dans la vigne, secouant les figuiers pour se perler de rosée la tête et les épaules, agitant les pampres pour rafraichir ses mains et ses pieds, choisissant les plus belles grappes pour y mordre avec son voisin... tout finit... alors une source ne tarit jamais, les vendanges ne sont donc que *rose des vacances* que mûrit le soleil de septembre, que les rayons d'octobre effeuillent en même temps que les souches de la vigne, dont la dernière pétale tombe le lendemain du jour où l'on cueille la dernière grappe de raisin...

Ils nous reviendront ces grains vermeils et ambrés. Vite ouvrons alors nos celliers pour recueillir ce nectar moelleux, cette essence divine, cet esprit fluide et brillant qui pétille sur nos tables, s'abandonne dans nos mains et meurt sur nos lèvres en vivifiant la santé et l'amitié.

Les vendanges se font en septembre, dans les pays chauds, en octobre, dans les régions froides. On doit surveiller que toutes les grappes soient coupées et que les grains ne tombent pas à terre. On fera porter, dans la cuve à fermentation, la vendange au fur et à mesure qu'on aura une certaine provision de grappes ramassées, soit dans une corbeille soit dans un baquet.

Ordinairement, le vigneron pétrit avec ses pieds la vendange. La maîtresse de la maison aura soin de lui faire laver les pieds; elle doit laisser dans le local-pressoir, à l'époque de la grande fermentation, une personne qui puisse venir au secours du vigneron en cas d'asphyxie. On a vu des accidents malheureux qui ne seraient pas arrivés si on avait eu cette prudence, qui ne peut jamais causer de grands frais, tandis qu'elle sauve un homme, un époux, un père..... Lorsque le vin est suffisamment fermenté, on doit le couler sans un jour de retard. Les tonneaux seront solides, nettoyés et de bonne odeur. Tout goût de moisi, de bois, occasionne une perte irréparable dans la qualité du vin. On fera bien de brûler une mèche soufrée dans tous les tonneaux, avant la mise en barrique du vin.

Nos vignes sont réellement bien malades. Le phylloxéra qui dessèche le cep et le tue, les rend phthisiques. On traite cette maladie par la submersion, combinée avec le sulfo-carbonate de potassium et le sulfure de carbone. Son emploi est surtout applicable dans les terrains en plaine; sur les sols argileux, pierreux, manquant de profondeur, la diffusion des vapeurs se fait mal et on obtient difficilement un bon résultat.

Le Mildew rend les vignes eczémateuses. Il envahit les rameaux, les feuilles, par ses efflorescences blanches sur la face inférieure. La face supérieure jaunit et, avant le mois d'août, les feuilles tombent, et les fruits mildiousés deviennent anémiques, c'est-à-dire qu'ils donnent un vin faible d'alcool, qui se trouble, tourne et n'a pas de corps. On traite cette maladie, dit le Dr Paul de Lapeyrouse, par une fabrication d'Eau céleste, que chaque ménage, en pays vignoble peut faire. Formule Audoynaud :

3 lit. eau chaude ;
1 lit. 1/2 ammoniaque à 22 degrés ;
1 kilog. de sulfate de cuivre ;
200 lit. d'eau.

Il faut 300 litres pour 1 hectare, et le prix de revient est de 60 à 65 centimes par 100 litres. On la prépare dans un vase de bois, de grès ou de verre.

Il faut traiter la vigne préventivement, dès le 15 mai.

LE JARDIN

Pour se rendre compte de l'utilité d'un jardin, je citerai les paroles que Philippe Müller disait au siècle dernier : « Un beau jardin potager est presque aussi utile à la campagne qu'une cuisine l'est à la ferme, et, pour l'obtenir, il ne faut dépenser qu'un certain temps et certains fumiers meilleurs que ceux qu'on laisse aux champs ». En effet, le potager est une ressource alimentaire très appréciable. Ils le savent bien, nos jardiniers voisins de la ville; ils commencent à porter leurs denrées avec une petite charrette attelée d'un âne ; nous les voyons bientôt arriver avec un beau cheval, un attelage neuf, acheté avec leurs jolis paquets de navets blancs, ou de radis roses ! Mais ils cultivent avec art ; c'est ce qu'il nous faudrait apprendre.

Dans nos fermes, le mari ne s'occupe jamais du jardin, soit qu'il le croit suffisamment soigné, soit qu'il ne daigne pas descendre à ce détail ; plusieurs plaignent l'engrais, ceux-là même qui voient arriver sur leur table une belle douzaine d'asperges d'Argenteuil, ou des poires duchesses qui font rêver au poirier du Paradis-Terrestre. C'est fort mal. Le jardin devrait être l'enfant gâté de tous ; on devrait combiner ensemble les soins qu'il mérite et le rendre beau comme un lieu de plaisir. L'histoire nous apprend que Nabuchodonosor les soignait lorsqu'il en eut fait construire pour habituer sa femme Sémiramis. Childebert, roi de Paris, en planta pour Ultrogote. « On y voit, dit l'histoire, des gazons émaillés de fleurs, des roses, des vignes, des arbres fruitiers et des plantes potagères. Ces arbres furent plantés par le roi lui-même et la main qui les soigna ajouta à la qualité des fruits. »

Charlemagne, dans ses Capitulaires, donna les ordres que tout particulier devait avoir un jardin. Il dit : « Ce sera de grands vergers avec un potager où pour embellissement on y plantera des fleurs? »

Partout nos maisons sont construites là où étaient autrefois des jardins, et la France n'était pas plus pauvre alors.

Courage, c'est un devoir que de diviser, semer, planter et arroser le jardin. Il faut s'en acquitter.

Division d'un jardin.

Pour la division d'un jardin, on doit, autant qu'on peut, mener par soi-même la direction de ce travail; si on est embarrassé, on doit s'aider des conseils d'un jardinier ou des avis ci-dessous.

Faites la division d'un jardin d'octobre à novembre, disposez des plates-bandes carrées ou longues pour le jardin potager n'ayant pas plus de deux mètres de large, sauf pour la culture des pommes de terre, chènevis, lin, plates-bandes qu'on doit faire plus grandes.

Ayez soin de ménager des sentiers un peu larges pour arroser si on a de l'espace, plus étroits si on a peu de terrain à cultiver. On bordera ces plates-bandes d'oseille, de fraisiers, de ciboules, de plantes vivaces et bisannuelles.

Jardin fruitier.

On fait la division d'un jardin fruitier en allées larges de 1 mètre.

On mettra chaque espèce de fruits ensemble et on choisira les arbustes rustiques donnant des fruits fondants de grosseur moyenne ; on plantera le long des murs des treilles, raisins chasselas, des poiriers en espalier, en choisissant les qualités qui se prêtent à cette disposition. On rafraichira les racines de l'arbre avant de les mettre en terre dans une bouillie composée de terre franche et de fumier de vache frais. Hors de ce dernier cas, l'engrais des arbres doit être fait par des fumiers décomposés lentement ; on arrose de temps en temps. Dans les terrains secs et chauds, plantez les arbres fruitiers en octobre et dans les sols humides en février lorsque le sol est convenablement asséché.

Jardin fleuriste.

La division du jardin fleuriste sera une fantaisie ; cependant les beaux ronds ou corbeilles sont ce qui produit le plus gracieux effet si on nuance les couleurs des fleurs avec art. On bordera ces corbeilles de plantes vivaces.

Les instruments utiles à la culture des jardins sont :

La bêche, outil qui sert beaucoup pour le jardinage ; elle est composée d'un fer large de huit pouces, long de un pied et garni d'un manche de trois pieds de long. On en fait usage pour retourner la terre sens dessus-dessous et lui donner de petits labours.

La houe, outil qui sert particulièrement pour travailler la vigne; c'est une espèce de bêche renversée.

La pioche est en fer large de trois à quatre pouces, longue de sept à huit, faite en manière de fourche. Elle a un manche d'environ quatre pieds. On s'en sert pour fouiller les terres.

Le râteau, qui sert particulièrement dans le jardinage. Ceux qui sont destinés à dresser les plates-bandes ont les dents de bois; d'autres servant à nettoyer les allées, ont les dents de fer.

La serpette est un petit instrument en forme de couteau recourbé avec lequel on taille la vigne et les arbres.

La fourche, outil à trois branches, qui sert à changer le fumier de place.

L'arrosoir est un instrument contenant 10 litres d'eau que l'on verse doucement sur les plantes en pleine terre.

Pour préserver les arbustes, plantes et fleurs des chenilles on lâchera des bandes de canards dans le jardin, ils en font parfaitement la chasse. On répandra du soufre ou, de préférence, on jettera dans l'eau d'arrosage quelques pierres de vitriol bleu ou sulfate de cuivre.

Ecuries.

Les logements des porcs, des moutons et brebis, des vaches, des bœufs et du cheval, sont appelés écuries.

Les porcs du Périgord, du Quercy, du Limousin ou de Bretagne sont les races qu'on doit préférer; comme rapport on n'admettra que la truie. On vend ses produits à deux mois. Ces sortes de bêtes mangent les pommes de terre, les détritus de la cuisine; on les lâche deux heures le matin et deux heures le soir dans un bout de prairie ou en un coin de trèfle,

Les moutons et les brebis trouvent en tout lieu leur pâture. Les pauvres les conduisent sous des châtaigniers, où nos yeux ne voient que de la mousse et où ils saisissent une espèce de gazon que nous aurions peine à prendre du bout des doigts. On leur sert une ration entre les sorties. La race de la Charmoise est précoce, rustique et a une très belle laine. Elle dépense 1 kilog. de foin et 1 kilog. de racines par tête et par jour. On ait passer la paille de la litière par les râteliers afin de les amuser.

Les agneaux sont un bon revenu et avec le lait de brebis on fait les fromages de Roquefort qui valent, pris chez les propriétaires, de 85 à 100 fr. les 100 kilos.

La chèvre mange peu. Une ration de foin, une poignée d'avoine dedans, et le chèvre-feuille dehors lui font rendre de 1 à 2 litres de lait par jour. Elle donne toujours deux chevreaux par an qui valent 3 à 4 fr. après leur naissance.

La vache à lait ou à veaux la plus productive est la bretonne et la flamande. La méthode Guenon indique le moyen de la reconnaître.

Les vaches servent aussi aux labourages des terres, elles aiment à manger dans les prés et reçoivent ordinairement une ration de foin à l'écurie, 5 kilos, si elles mangent dehors, 10 kil. si elles ne sortent pas; on leur donne aussi des choux verts ou des betteraves pour favoriser le lait. Une vache produira d'autant plus de lait quelle sera bien nourrie, boira à sa soif, sera logée dans une écurie propre et aérée.

Les lucarnes de l'écurie doivent être fermées en plein jour par un rideau fait avec de la toile de sac, pour éviter l'entrée des mouches en été et le froid en hiver.

Les fumiers doivent être portés dans les champs ou au compost le jour où on les enlève de sous les pieds de la bête; et pour conserver les gaz nourrissants, on saupoudrera les tas avec une couche de plâtre qui en empêchera l'évaporation.

Si un cultivateur a besoin d'un cheval, sa femme doit lui conseiller d'acheter une bête productive qui laissera par an un poulain en revenu. Il pourra l'utiliser aux labours légers et dans les voyages, ayant soin de la ménager au temps de la gestation. On donnera à cette bête le regain des prairies, 4 litres d'avoine par jour, de 4 à 5 kilos de bon foin sec.

On évitera de la mouiller, de la laisser au courant d'air et, si elle suait, on la frictionnerait avec un bouchon de paille.

Les races préférées dans le Midi sont : l'anglaise et la percheronne; dans le Nord, la boulonnaise.

Basse-cour.

Parlons un peu de la basse-cour.

La basse-cour est la partie de la ferme qui sert au logement des petits animaux domestiques. Bien tenue, la basse-cour donne des produits importants, en même temps qu'elle est une dépendance utile de la ferme.

En Angleterre, on proclama la suppression de la volaille dans les fermes modèles, mais on est revenu sur cette décision pour élever les meilleures races.

La basse-cour se compose du poulailler qui renferme et abrite les coqs et les poules, du colombier qui sert de demeure aux pigeons, du clapier dans lequel on élève les lapins. — Le poulailler est la partie la plus importante.

Le plus grand ordre et une extrême propreté doivent régner dans la basse-cour.

Ce sont des conditions indispensables pour une production abondante d'œufs et pour un élevage prospère, aussi bien dans le poulailler que dans le clapier. Par la propreté on éloigne la vermine qui ronge les animaux et on met ceux-ci à l'abri de la plupart des maladies qui peuvent les atteindre. Le poulailler le plus simple est le meilleur : il suffit qu'il soit bien établi, dans un lieu sain, de manière à se nettoyer facilement. Le mobilier du poulailler est très simple, il consiste en perchoirs, pondoirs, augettes pour la nourriture et un petit seau pour la boisson.

On place les perchoirs en bois brut autant que possible; pour cause de propreté à l'égard des poules, on les met en lignes parallèles, au même niveau, et cela évite aussi les querelles entre elles au moment du coucher. Les pondoirs sont de simples paniers en osier ou des boites en bois, mobiles, dont le fond est garni d'un peu de foin. On peut les nettoyer facilement. Quand il s'agit de faire couver les poules, on les place dans une chambre isolée. On donne à chaque couveuse autant d'œufs qu'elle peut en tenir couverts sous son corps. On lui donne des grains à manger et de l'eau à boire pendant les 21 jours que doit durer l'éclosion.

Depuis quelques années, on construit des couveuses artificielles pour faire éclore les œufs sans l'intervention de la poule. Ces appareils consistent en boites à tiroirs et à bouillotte. On fait aussi des couveuses chauffées à la briquette sans eau. La régularité de la chaleur est la condition du succès.

Lorsqu'on veut isoler les poules, on construit en fer une clôture assez élevée que les poules ne puissent pas franchir. On peut y enfermer une glousse, tandis que les poussins peuvent passer à travers les barreaux.

Dans quelque condition qu'on le place, il faut que le poulailler soit pour les animaux un logement dans lequel ils se trouvent à l'abri des excès de chaleur et de froid et surtout à l'abri de l'humidité qui est toujours nuisible à la santé. Les poules se nourrissent de grains, de détritus de ménage, d'eau pure et de fausses herbes. On doit toujours leur tenir du sable. Pour l'engrais, on leur fait avaler pendant 15 jours du maïs sain et sec.

Il faut choisir, comme étant les meilleures, des races grosses qui donnent beaucoup plus de viande que les petites bêtes. Il est reconnu qu'un animal petit dépense comme un gros. La race Crève-cœur, venue de Normandie, est appréciée, a les jambes courtes, fortes, la tête huppée, le plumage noir, panaché de blanc; elle est bonne pondeuse, fait des œufs gros, mais elle est mauvaise couveuse et casse maladroitement son produit.

Elle arrive à peser deux kilos et vaut sur le marché de nos villes quatre à cinq francs. Le coq de même race est fier, superbe, sa huppe retombe de chaque côté de la tête; il a une barbe très prononcée sous le bec. Son plumage est noir, tacheté de blanc argenté, sa crête a la forme d'un croissant. Nous avons les races du Houdan et celles du Mans comme races françaises de choix.

La dinde au plumage noir est préférable au mâle.

On choisira la grosse oie du Tarn ou de la Haute-Garonne. Les blanches ont l'avantage de donner un duvet et un plumage plus beau qui se vend plus cher.

Les oies broutent l'herbe, le trèfle, les salades et les choux verts. Elles s'engraissent avec du bon maïs roux ou blanc.

Les canards de Normandie et de Reims, plumage noir et arc-en-ciel, sont les plus beaux.

Le pigeon pattu est très productif et mange aux champs. Il est bon cependant de leur donner une fois par jour de la nourriture, la déposant dans le pigeonnier, qui doit être blanc, propre et coquet, afin de les y retenir. Le pigeon peut donner un certain bénéfice; on achète des criblures de grain à bon marché ou de celui qui se vend environ un franc le décalitre; en plus, on y serait de perte. Chaque paire de pigeon dépense quarante litres par an, ce qui revient à 4 francs Elle peut faire six couvées par an qui valent en moyenne six francs chacune, ce qui donne un rapport de deux francs par paire et la colombine.

Les lapins gris sont les plus productifs de notre région, les métis à longues oreilles sont les plus gros. Ces petits animaux vivent d'herbes et de son. Il faut déposer dans leur écurie un peu de foin pour qu'ils puissent faire leur nid et séparer les mâles des femelles avant que les produits naissent.

La Grange.

La grange est l'étage qui se trouve au-dessus des écuries; elle doit être nettoyée de fond en comble avant chaque rentrée des foins, afin que les toiles d'araignées et les poussières ne causent pas de mal aux bêtes.

Les graines de foin, c'est-à-dire les brisures qu'on trouve dans les granges après l'enlèvement du fourrage sec, doivent être données aux lapins qui en font une fête, ou on les sèmera sur les prairies maigres, mélangées avec du bon terreau de chemin, ce qui économisera un achat de ray-grass.

QUATRIÈME PARTIE

PHYSIOLOGIE DES DENRÉES ALIMENTAIRES

Physiologie des Denrées alimentaires.

Il est temps de nous occuper de nos provisions, si nous ne voulons pas, comme la cigale de la fable, être prises au dépourvu lorsque l'heure du dîner sera venue.

Les denrées alimentaires sont des produits que l'homme consomme chaque jour pour l'entretien de ses forces physiques et qu'il assaisonne de préparations lorsque ces produits ne sont pas bons à leur état naturel.

L'homme n'a pas toujours mangé des aliments préparés. L'art de la préparation semble dater du XI° siècle avant l'ère chrétienne. Il est dit que les peuples de l'Orient voulurent avoir un roi comme les autres nations. Samuel, leur chef, les en détourna, leur détaillant les exigences de ce nouveau souverain et leur disant : « Il choisira parmi vos femmes et vos filles ses parfumeuses, ses confiseuses, ses pâtissières, ses cuisinières. » Les peuples de l'Occident ne connurent que vers le XIV° siècle l'art de faire la cuisine. Ils mangeaient les fruits du noisetier, du cormier, le laitage, le miel sauvage; le poisson, les viandes et les grains étaient simplement bouillis.

Ils respectaient les chênes qu'ils adoraient comme un Dieu, et n'osaient manger son fruit. Nous sommes plus délicats, mais aussi païens qu'eux : s'ils adoraient les belles choses, nous adorons les bonnes.

Actuellement on peut diviser les produits que l'homme consomme en trois catégories qui sont :

Les denrées de production française ;

Les denrées étrangères ou des colonies ;
Les denrées maritimes.

Nos denrées sont : les grains, les fruits, les plantes potagères, les viandes de boucherie, les volailles, le gibier et le poisson ;

Le lait, le beurre et le fromage ;

Le vin, les alcools, le sucre, les chocolats, les huiles et le sel.

Nos plus beaux grains sont ceux d'Auvergne, de Flandre et de Gascogne.

Les éléments qui composent la farine des céréales sont des matières azotées, des matières grasses et des sels alcalins en petite quantité. On obtient la farine en soumettant le grain à des meules qui le broyent. Il existe des moulins à eau, à vapeur, à vent. La jolie romance de Jenny Joscelin s'applique au moulin à eau.

Le Moulin

Ah ! venez tous au moulin
De Jenny Joscelin
Qui dès l'aube redit
Aux échos son refrain :
Tra la la la la la, tra la la la la la.

PREMIER COUPLET

A mon moulin,
Près du ravin
Chacun accourt, porte son grain,
Riche fermière,
Bonne ménagère,
Pour être première
Vient de bon matin ;
Et mon moulin dit tout bas :
Tic tac, tic tac, tic tac, tic tac, } bis
Et mon moulin dit tout bas :
Je ne me presserai pas ! ah !

DEUXIÈME COUPLET

Pour le richard
Sans nul égard
Il attend là son tour à l'écart ;
Quand le pauvre arrive
Par prérogative,
Pour lui seul j'active
Le moulin si bavard
Et mon moulin dit tout bas :
Tic tac, tic tac, tic tac, tic tac } bis
Et mon moulin dit tout bas :
Le pauvre n'attendra pas.

TROISIÈME COUPLET

Moulin joli
Le samedi
A tous les vents, il marche étourdi ;
Mais en revanche,
Quant vient le dimanche,
Penché sur la hanche
Il paraît endormi.
Pour le remplacer oui-da
Tic tac, tic tac, tic tac, tic tac } bis
Pour le remplacer oui-da
Les filles bavardes sont là.

Parlons des farines qu'on blute et qu'on pétrit :

Il est utile de faire moudre son grain quelque temps avant l'emploi de la farine, 15 jours par exemple ; la quantité de pain est plus élevée et la qualité est meilleure. Mais il ne faut pas tomber dans l'excès contraire, la farine qui vieillit perd ses qualités nutritives.

La farine employée pour la panification doit être bien blutée, c'est-à-dire passée soigneusement dans un appareil appelé blutoir qui sépare la farine proprement dite d'avec le son.

La bonne farine est blanche, douce, elle doit s'agglomérer dans le creux de la main, si on la presse; elle absorbe l'eau dont on la pétrit. La mauvaise s'amollit et ne se lie pas, elle devient humide, glisse sous les doigts comme la cendre ou la poudre de sucre.

Chaque canton, en France, a son habitude locale pour faire le pain. Il est dit que le panetier du grand roi Pharaon fut le premier à donner du levain à la pâte et une forme au pain. Il faisait pour le roi des couronnes et, pour les autres habitants du palais, des pains à la corbeille, ce qui veut dire épais.

On vend, aujourd'hui, des pétrins mécaniques et des fours perfectionnés. La fabrication du pain est détaillée à l'*Art culinaire* (5e partie).

On fait des pâtes alimentaires avec les blés durs. On décompose cette farine en gluten, amidon et albumine.

Les blés de la Limagne et de l'Auvergne sont précieux. On en fabrique la semoule, qui a l'apparence d'un gruau régulier plus ou moins fin, d'une couleur plus ou moins prononcée en jaune, crème, selon la qualité des grains du blé employé; ceci est sans conséquence. La semoule sert pour les potages, les petites bouillies des enfants. Elle fait aussi des gâteaux, dits nouille, pétris avec des œufs, très peu d'eau et assez de sucre. (Baron Brisse).

Les vermicelles, macaroni et autres formes, sont des pâtes pétries, moulées et pressées.

Les tanglioni sont plats, coupés à losange.

Les millefanti ont la forme ronde et la grosseur d'un pois.

Les andarini ressemblent à de la moutarde blanche.

On découpe, enfin, la pâte en étoiles, lentilles, roues, graines de melons, lettres, etc.

La bonne pâte doit être blanche, fine, dure et, après la cuisson, laisser le bouillon clair et transparent.

Les mauvaises se décomposent dans le bouillon en sédiment pâteux ; elles ont un goût ranci, fort désagréable. Le fournisseur se défendra en disant que vous n'avez pas surveillé la cuisson, ou que vous avez jeté vos pâtes avant l'ébullition du bouillon. Restez ferme et réclamez les vraies pâtes. Les pâtes au gluten sont encore les meilleures.

Nous avons plusieurs sortes de farines dont certaines médicinales. M. Bouchardat classe dans les *émollientes* celles de lin, de riz, de seigle. Dans les *résolutives*, celles de fève, d'orge, de moutarde.

Nous avons les fécules de pomme de terre, de riz, de lentille. Les produits farineux mixtes, tels que le tapioca, le sagou, l'arrow-root, le cassave, l'aveline, le racahout, dont les Arabes font leurs délices.

Fruits.

Les fruits que nous avons sont excellents et nombreux. Il est probable que nous sommes aussi riches en fruits que les autres belles puissances. De tout temps nous avons chanté Bacchus, Flore, Pomone, etc. Nous ne savons pas que nos voisins d'Outre-Manche ni du Rhin aient proclamé des dieux ou honorent des déesses à cet égard.

Nos fruits sont l'inappréciable marron des Cévennes, de Lyon et du Forez;

Le délicieux raisin chasselas des jardins ; ceux de Tomerry et de Fontainebleau sont renommés, ainsi que l'œillat du Midi.

L'amande tendre de la Provence et Millavoise.

Les fraises parfumées de Fontenay, de nos bois, de nos jardins.

Les pêches veloutées de Montreuil, les abricots, les figues du Midi.

Les poires duchesse, les Colmar beurrées.

Les pommes reinette et variées.

Les bonnes prunes d'Agen et de Montmorency.

Les guignes du Tarn, de la Haute-Garonne; les cerises de l'Oise, de l'Aveyron.

Les fines noisettes du Périgord.

La quantité de noix de Sancerre et du Midi.

La groseille rouge, blanche, à confiture, la groseille maquereau de table.

Le cassis noir du Dauphiné.

La nèfle des bois greffée.

Avec l'amande, la noisette, la figue sèche et le raisin sec, on compose le plat du dessert connu sous le nom : des quatre mendiants.

Plantes Potagères.

Les principales plantes potagères sont :

L'artichaut vert et violet de Provence et de Laon.

L'aroche, sorte d'épinard dit : bon Henri, à feuille pointue.

Les choux Quintal, Bruxelles, choux-fleurs.

L'asperge dite de Hollande, violette ;

L'asperge dite d'Allemagne, blanche ;

L'asperge d'Argenteuil, verte et bonne.

L'aubergine violette demi-longue.

La betterave de Castelnaudary, rouge foncé.
Les cardons de Tours, côte pleine.
Les carottes courtes, longues et demi-longues, rouges;
Les carottes nantaises, collet fin;
Les carottes des Vosges, très courtes, blanches.
La citrouille bosselée fine, rouge.
La courge moelle, fruit demi formé, bon.
La gesso, dite haricot d'Espagne.
Le haricot riz, fin, perlé, blanc;
Le haricot Soissons, gros, demi plat, bon;
Le haricot Liencourt, rond, gros.
Les haricots mille couleurs, mélangés.
Haricots verts dits flageolets;
Haricots cosse large tendre, vert panaché.
Melon Cantaloup, de Cavaillon.
Navets noirs d'Auvergne;
Navets blancs du Limousin;
Oignons muscats, rouges, blancs;
Oseille de Belleville, feuilles larges;
Poire de terre ou topinambour;
Pomme de terre (apportée en France par Parmentier, à la fin du siècle dernier) parisienne, blanche, ronde;
Pomme de terre quarantaine, blanche, oblongue, violette;
Pomme de terre cornichette, jaune, violette, longue;
Poireau géant très gros;
Poirée ou bette;
Pois fin à écosser;
Pois mange-tout, goulu;
Radis rose, noir et blanc;
Salsifis blanc;
Scorsonère ou salsifis noir;
Truffes du Périgord, noires;

Tomate rouge, grosse ;
Tomate à grelots ;
Champignon noir et orange.

Salades.

Laitue romaine ;
Laitue endive frisée ;
Mache verte, rosette ;
Pissenlit ;
Roquette ;
Cerfeuil ;
Chicorée ;
Le concombre ;
Le cresson des fontaines ;
Le céléri.

Condiments.

L'ail bulbe à odeur forte.
Le basilic anisé.
La ciboule.
L'estragcon.
Le fenouil.
Les cornichons du Midi, verts, courts, rugueux.
Le persil.
Le piment.
Thym odorant.
Moutarde de Dijon, Brives.
Anis du Tarn.
Les câpres vertes et fermes.
Les olives de Provence.

Sels.

Dans le langage scientifique on appelle le sel : chlorure de sodium.

La connaissance du sel remonte à l'antiquité, puisque la femme de Loth, dit l'histoire, fut changée en *statue de sel*. L'usage en est général. C'est l'assaisonnement le plus nécessaire, il relève le goût fade des aliments, excite l'appétit, favorise la digestion si on n'en fait pas un abus.

Les sels que nous utilisons nous viennent de la terre et de la mer. Une personne en consomme en moyenne 6 kilogrammes par an.

Nous avons les sels gris de la Rochelle.

Les sels blancs, beaux, de Bayonne.

Leur prix diffère peu et le blanc donne en quantité, étant plus léger, ce que le gris donne en qualité.

Il faut surtout le choisir propre et inodore.

Huiles.

L'huile d'olive a mérité de tout temps la préférence entre toutes les huiles.

On fait de l'huile d'olive vierge en pressant et exprimant à froid les olives mûres non fermentées, elle est très légèrement colorée, de saveur et d'odeur peu accentuée.

On la conserve fraîche dans des bouteilles bien bouchées et en y mettant 2 gr. d'alcool.

On fait l'huile commune avec la pulpe des olives qui ont déjà fourni l'huile vierge, elle est jaunâtre, d'odeur et de saveur marquées ; elle rancit vite. On ne doit pas faire provision de cette dernière.

Les Athéniens préparèrent les premiers les fruits de l'olivier et le bois en était respecté par les Romains. Ils ne voulaient pas en brûler même à leurs dieux. Ses rameaux sont un symbole de paix et de clémence.

Nous avons dix-sept races d'oliviers. Le plus productif en France est l'olivier d'Europe. On attend que l'olive soit très mûre pour la cueillir et, selon le terrain ou le soleil qui la dore, elle est fine et coulante. La moitié du littoral méditerranéen a comme une bordure d'oliviers.

Pour baisser les prix de l'huile d'olive, on la mélange avec les huiles de graines de sésame, d'arachide, de coton, dans des proportions plus ou moins fortes.

On reconnait le mélange à un goût âpre qui reste au palais et au fond du gosier.

Les fins dégustateurs ne se trompent pas. Le baron Brisse nous enseigne un procédé de reconnaissance entre l'huile falsifiée et l'huile pure. Il faut dans 5 gr. d'acide azotique faire dissoudre 2 gr. de mercure. On mélange cette dissolution avec 50 gr. d'huile d'olive soupçonnée. Au bout de quelques heures la masse devient jaune clair, elle se revêt d'une croûte blanchâtre et se solidifie du jour au lendemain, si l'huile est pure ; impure, elle forme une masse sans consistance en raison de la quantité mélangée d'huiles étrangères.

Nous avons encore les huiles de frêne, de noix, très bonnes en Auvergne, pour les fritures ; mais il les faut très fraîches.

Les huiles de colza et de lin, bonnes à brûler.

L'olive verte en saumure a été cueillie avant sa maturité et soumise à une préparation spéciale.

Chocolats.

Le chocolat est un aliment composé de sucre et d'amandes de cacao, ayant subi une légère torréfaction. La chaleur le met en pâte très facilement; il se solidifie en refroidissant. D'après une version historique, il aurait été introduit en France par Richelieu. Il consulta des moines au mont Saint-Bernard, qui le lui conseillèrent, pour corriger « les vapeurs de sa rate. »

Cheruel nous dit aussi que la femme de Louis XIV, Marie-Thérèse, répandit en France le goût du chocolat. Elle suppliait son roi d'en prendre matin et soir et elle fit faire des pastilles pour les dames de la cour.

Chaque maison de denrées alimentaires possède son chocolat. On ne sait vraiment lequel prendre. Il faut remarquer une qualité fine, dure, fondante, et y revenir.

Mais nous avons le chocolat ferrugineux qui est recommandé par les hautes sommités médicales. Il devient, par son assimilation avec le fer, un aliment complet que les enfants, les femmes et les convalescents doivent prendre avant tout remède fortifiant. Nous l'appellerons :

Le pain des faibles, le délice des forts. (Voir aux produits de l'*Economie domestique*.)

On conservera le chocolat dans un lieu sec.

On reconnaitra le mauvais chocolat, s'il ne se dissout pas parfaitement dans l'eau bouillante ; s'il dépose au fond, ce seront des atomes d'ocre rouge ou de farines oléagineuses ; à la bouche il est sablé, c'est-à-dire qu'on trouve entre la langue et le palais de légères sensations de poussières insolites.

Sucres.

Le sucre est un aliment calorique; il échauffe, il constipe si on en abuse. En petite quantité, on dit qu'il est le sel des enfants, qui en sont en effet fort gourmands.

Il était cher autrefois. Il venait de l'Orient. Vers le quatorzième siècle les Italiens nous l'apportèrent et en firent seuls le commerce sur la Méditerranée pendant longtemps. Actuellement, la canne à sucre est récoltée dans l'Amérique du Sud et transportée en France en sucre cristallisé. Nous avons des raffineries où on le cuit très bien, à Paris, Nantes, Marseille, Orléans et Bordeaux.

Dans le commerce, il est vendu cassé en petits morceaux réguliers, soixante-dix à quatre-vingts morceaux ordinaires forment un kilogramme; il est aussi vendu en cône grands et petits pains, il vaut alors dix centimes de moins par kilog.

Il ne faut pas confondre les sucres simplement cristallisés ou les sucres Bourbon roux en pierre, avec ceux que nous venons de nommer; ces deux derniers sont destinés au sucrage des vins de raisins secs et sont vendus meilleur marché. Dans les ménages pauvres, on peut les utiliser dans la fabrication des confitures et pour différents besoins domestiques. On pourra encore dans le but économique prendre le sucre appelé *lumps*, il est au même prix que le sucre raffiné, mais il sucre davantage en quantité égale.

La cassonade blanche est le sucre qui ne s'est pas laissé cristalliser, ou qui a vieilli dans les magasins.

La cassonnade jaune est la brisure du sucre roux en pierre ou les résidus de la première cristallisation.

Miel

Le miel est laxatif et adoucissant. Les anciens le mélangeaient avec de l'eau de rose et en faisaient la boisson appelée Hydromel. Nous avons les miels roux et les miels blancs qui nous viennent de l'Aveyron, du Tarn, de Narbonne et de Saint-Cirq (Yonne). Il n'est pas bon de laisser vieillir le miel, il se cristallise et devient inutile sauf pour les tisanes, où on l'emploie alors en remplacement du sucre.

Graisse

La graisse de porc est une des plus économiques, parce qu'elle graisse mieux que tout autre en quantité moindre. Comme qualité, la graisse faite dans un ménage est meilleure. La graisse qui nous vient d'Amérique est souvent mélangée avec de la farine pour la faire blanche, et on la rend plus légère en l'agitant avec une cuillère pendant qu'elle refroidit. Souvent elle n'a pas assez de cuisson, on le reconnait lorsqu'elle murmure dans la poêle et qu'elle fait des éclats sans être bouillante.

Les graisses en vessies françaises sont sans nul doute propres ; si elles sont fraîches, on peut les employés. Mais si on peut faire son petit salé, c'est bien préférable. Il faut, pour une maison de quatre personnes, un cochon pesant cent cinquante kilogrammes. On le choisira nourri avec du grain ou du maïs, si c'est possible. Les qualités les plus recherchées sont la race Tong-King, la race du Quercy, du Limousin. Le cochon est court, trapu, à crins noirs et gris dans les bonnes races.

L'Eau

« Je laisse deux grands médecins, disait Dumoulin, en mourant : la diète et l'eau. » Sénèque nous dit que « pour l'homme, l'eau est la première et la plus utile des boissons, elle forme la base et le principe de toutes les autres et elle correspond à l'un des besoins les plus réels de notre organisation. » L'eau, c'est la vie du ménage. Pour être de qualité parfaite, elle doit contenir de l'air, des sels solubles en petite quantité, être claire, exempte de toute matière organique. L'eau de source offre ordinairement ces garanties, aussi est-elle agréable à boire, propre à la bonne cuisson des aliments et favorable au savonnage.

Certaines eaux ne valent rien pour ces deux derniers emplois, elles sont ordinairement fournies par les puits et généralement chargées de bicarbonate de chaux qui se dépose en partie sur les objets qu'elles baignent et produit des résistances calcaires. On corrigera cet inconvénient en mettant dans cette eau un sachet rempli de cendres de bois ou un grain de cristaux de soude.

Nous avons l'eau de rivière qui possède les qualités de l'eau de source, mais elle est pleine de matières organiques qui en défendent l'usage habituel.

L'eau de pluie est, comme l'eau distillée, dépourvue de tout sel soluble. Recueillie proprement, elle peut servir d'eau pour la table. Dans la capitale de l'Autriche, on l'utilise beaucoup ainsi qu'en Hollande.

L'eau qui provient de la fonte des neiges ou des glaciers est dépourvue ~~de iode~~, elle favorise le goitre; aussi cette maladie est-elle fréquente dans la vallée des Alpes, le Tyrol, la Savoie.

Vins

La vigne est la richesse agricole caractérisque du sol français. A elle seule, la France produit peut-être le tiers des vins du globe, malgré le préjudice que nous porte le phylloxera, l'oïdium, le mildew.

La production des vins comprend six régions principales :

La Bourgogne, la Champagne, le Bordelais, la Charente, le Rhône et le Midi ou Centre.

La Bourgogne produit des vins estimés. Ses riches vignobles ont fait donner le nom de Côte-d'Or à l'une de ses montagnes. Les principaux crus sont ceux de Pommard, Volnay, Corton, Beaune, Nuits, Clos-Vougeot, Chambertin, Romanée.

La Champagne est surtout connue pour ses vins blancs mousseux recherchés du monde entier. Vins d'Epernay, Aï ou Sillery.

Le Bordelais produit des vins très estimés que l'on désigne sous le nom de Bordeaux, Saint-Emilion, des Côtes, Graves, Médoc, Barsac.

La Charente produit des vins que l'on distille pour avoir les eaux-de-vie, dites de Cognac. L'Armagnac se fait dans le Gers.

Les vallées du Rhône et du Midi fournissent des vins de liqueurs très estimés et des vins ordinaires en grande quantité. Crus de l'Ermitage (Drôme), Saint-Peray (Ardèche), Chateauneuf-du-Pape (Vaucluse), Villaudric, Lunel, Frontignan, Narbonne, Limoux, etc.

Le Centre produit des vins dont les uns sont utilisés pour la campagne, et dont les autres, surtout à Orléans, sont convertis en vinaigre.

L'Auvergne fait des excellents petits vins dits de Chanturge.

Dans les Basses-Pyrénées, on a le vin de Jurançon.

Dans les Landes, des vins blancs secs qui servent au coupage des vins de Bordeaux.

On falsifie les vins d'une manière effrayante, malgré les pénalités dont les fraudeurs sont poursuivis ; tantôt c'est par des substances végétales, telles que le sureau, la mauve noire, la myrtille ; tantôt avec des ingrédients chimiques, le sulfo de fuschine, le carmin d'indigo, le jaune de Marthius, le rouge de Bordeaux. En conséquence, on doit acheter son vin à un honnête homme.

Boissons diverses.

Si le vin est la boisson ordinaire dans le Midi et le Centre de la France, jusqu'à Paris, dans les provinces du Nord-Ouest, il est remplacé par le cidre, qui est le produit de la fermentation du jus de pommes.

Le cidre de Normandie est le meilleur de France, soit que les pommes appartiennent à une excellente qualité, soit qu'on les laisse mûrir, presque fermenter en tas. Dans le midi on fait le cidre avec la pomme de rebut et la pomme verte, aussi on préfère le boire en venant du pressoir. La fermentation qui se fait au tonneau n'augmente pas sa saveur aigrelette. Il serait utile d'étudier le perfectionnement du cidre en considération de la rareté des vins.

Dans les provinces du Nord-Est, il est remplacé par la bière.

La bière se fabrique par une décortion d'orge germé, soumis

à la fermentation. Royer-Collart l'appelle : Vin de grains. Si on donne, dans les débits, des bières de qualité médiocre, c'est qu'elles sont composées de graines de diverses céréales, dont le choix n'est pas judicieux. On ajoute la fleur du houblon comme moyen de conservation.

Il existe des bières de tout degré d'alcool. L'ale supérieur de Londres est une bière forte, 8 pour 0/0 d'alcool. Nos bières de Strasbourg et de Lille ont le 5 pour 0/0 d'alcool. On a fait une remarque originale sur les buveurs : on dit que les passionnés du vin tombent en avant, et ceux de la bière en arrière. Les résidus de la fermentation de bière donnent aux chevaux, par exemple, un embonpoint parfait, une vigueur rare, un luisant de poil splendide.

Partout on connait et on boit de la bière. En Belgique, on l'appelle *faro*, elle est faite avec de l'avoine. En Russie, *quass*, on la fabrique avec du seigle. L'Arabe l'appelle *avach*, il se sert du riz dans la fabrication. L'Américain *chica*, il fait fermenter du maïs.

Il se fait une grande consommation de liqueurs en France. Tout bourgeois prend son petit verre après les repas, plusieurs personnes en boivent même passionnément. Dans la cuisine, on fait aussi certains plats à l'aide de certains alcools.

Les législateurs, les moralistes, les philanthropes ont combattu de tout temps l'abus des boissons sans arriver à corriger cette triste passion. A Lacédémone, pour inspirer aux jeunes Spartiates l'horreur de l'ivresse, Lycurgue faisait enivrer des esclaves et les envoyait dans les rues et les places publiques au sortir des écoles. La loi de Dracon punissait de mort les ivrognes, et, notre république les met au violon.

Les sirops sont généralement pris, additionnés d'eau, ils sont inoffensifs, mais on doit éviter de les boire glacés.

Œufs

Les œufs qui se consomment en France sont comptés par milliers. Les petits comme les grands ménages puisent là une des plus grandes ressources de l'alimentation et une des substances les plus nutritives. L'œuf de poule est celui que l'on trouve le plus facilement, le prix varie suivant la saison ; suivant la qualité de la poule, il est petit ou gros; on achètera ce dernier de préférence.

Nous avons l'œuf de dinde, l'œuf de cane, l'œuf d'oie, l'œuf de pintade, l'œuf de pigeon.

Nous avons les œufs de Pâques qui sont en chocolat ou en sucre et qui nous viennent de ce que, dans les carêmes anciens, on était privé d'œufs. Alors, le jour de Pâques, on allait à l'église avec une corbeille remplie d'œufs qu'on faisait bénir, et ces œufs rapportés dans la famille causaient la réjouissance de toute celle-ci ; on en envoyait aux amis, aux parents. Pour enjoliver le présent, des dames eurent la coquetterie de teindre les œufs en rouge, en bleu ou en vert ou de les plier dans du papier colorié. Pour le roi on les faisait dorer ; pour les inférieurs argenter ou colorier. Aujourd'hui on embellit les œufs de plusieurs manières et on les donne remplis de riches surprises, c'est une dépense superflue. Il serait économique d'acheter des œufs de Pâques ordinaires qu'on garnirait simplement de jolies ou affectueuses devises faites par la main de chaque donateur. N'oubliez pas que la façon de donner vaut mieux que ce que l'on donne.

Lait.

Tout le monde connait le lait et en a bu.

La Providence nous l'a donné comme première alimentation, on pourrait l'appeler la « manne céleste » comme celle que Moïse et les Hébreux reçurent du ciel dans le désert de l'Arabie.

Le lait s'assimile à beaucoup de préparations qu'on donne aux estomacs délicats. Charles V fut sauvé par le laitage. Sa santé se trouvait fort altérée depuis qu'il avait été empoisonné par le roi de Navarre.

Il faut toutefois que le lait soit frais et pur, ce qui est fort difficile à reconnaitre. Il faut que la vache qui le donne soit saine, bien logée, bien nourrie, si on le veut très bon.

En conséquence, le choix d'une honnête femme comme laitière est de toute nécessité. De temps en temps il sera utile de lui rappeler qu'on compte sur sa bonne conscience. Ensuite, si on peut analyser quelquefois le lait, on le fera.

Le lacto-densimètre indique la proportion d'eau qui a été mélangée au lait.

L'analyse chimique démontre que le lait est plus pesant que l'eau. « C'est un liquide alcalin, tenant en suspension des globules de beurre et en dissolution de la caséine, des sels et de la lactose ou sucre de lait ». La bête nourrie des féculents donne un lait très sucré.

Le lait falsifié de farine et d'eau devient bleu si on verse quelques gouttes de teinture d'iode.

Le lait mauvais se caille et se sépare en grumeaux à la moindre chaleur.

Pour empêcher le lait de tourner, il faut y mettre un

gramme de bicarbonate de soude par litre, le placer dans des vases propres et dans un endroit frais.

Là où poussent les fleurs de foin, le lait a un goût exquis. La crème et le beurre en sont parfumés. Il est d'une couleur légèrement paille claire et il ne change pas d'aspect par l'ébullition. Une vache donne cinq litres de lait par jour. Il vaut 0 fr. 30 le litre. Nous avons le lait d'ânesse pour les malades, le lait de vache et le lait de chèvre pour les enfants, le lait de brebis pour les fromages.

Fromages.

La fabrication des fromages est due à Aristée, berger lybien, qui devint roi d'Arcadie. On ne sait pas comment il obtenait la coagulation. Actuellement le commerce vend une sorte de présure, acide étendu qui fait prendre le lait immédiatement. Presque tous les fromages français sont blancs et ils sont égouttés. Cependant le Brie est comprimé, le Cantal est tassé, le Laguiole à pâte douce est pressé.

Grimod de la Régnière nous parle d'une classification de fromages :

1° Les fromages frais ou mous, doux : Neufchâtel, Viry, etc.

2° Les fromages frais, mous, salés : Brie, Mont-Dore, Camembert.

3° Les fromages à pâte ferme fabriqués à froid : Marolles, Lionbourg.

4° Les fromages à pâte ferme, fabrication cuite ou chaude : Roquefort, Gruyère, Hollande, Parmesan.

5° Les fromages fermentés en pots employés dans les pays de fabrication.

Le fromage le plus économique est celui que chaque pays consomme sur place ou région de production.

Dans les petits ménages qui ont du lait on fabrique un fromage blanc mou qui sert aux repas des travailleurs et que tout le monde sait faire dans nos campagnes.

Le Beurre.

On doit l'acheter en petite quantité, si on veut s'en servir pour la table ou les fritures légères. On le reconnaîtra bon s'il est d'une pâte fondante, douce, jaune d'or ou blanc de lait. Ces deux couleurs marquent les provenances les meilleures.

La falsification colore le beurre avec du safran, le suc de carottes, l'extrait de fleur du souci. On l'augmente de poids et de volume en y ajoutant des fécules, des pommes de terre cuites, de la craie pulvérisée. On aura soin de le goûter et de le déguster au palais ; en très petite quantité, le bon beurre doit fondre immédiatement et onctuer toute la bouche en y laissant un parfum délicat de fleurs champêtres.

Le beurre n'a pas de valeur nutritive, il assaisonne le goût des aliments et en facilite la digestion.

« L'estomac est une meule, dit un docteur, qu'il faut *graisser* et que l'eau seule ne fait pas tourner. »

Nous avons les beurres de Bretagne, d'Auvergne, de Normandie, de Langon.

Si on aime la préparation des aliments au beurre et qu'on veuille en faire provision en remplacement de la graisse, on aura soin de s'adresser à un marchand en gros, de lui débattre le prix. On choisira les pièces fermes, fraîches et de bonne odeur. On conservera le beurre comme il est indiqué à *l'art culinaire* (Ve Partie.)

Volaille.

La dinde est préférable au dindon. Elle devint le mets des rois. Charles IX passa par Amiens au quatorzième siècle. La ville lui offrit des présents et mit, en premier ordre, douze grosses dindes avec un ruban blanc autour du cou.

Cet oiseau, originaire de l'Asie, fut élevé en Amérique et naturalisé en France.

Le chapon de la Haute-Garonne et du Gers, au plumage noir, à l'œil de feu, est très estimé.

Nous avons le canard, race commune, qui est très fin de chair. La race de la Haute-Garonne et de Reims, croisée, est plus grosse et bonne à l'engrais; le foie fait d'excellents pâtés.

Les poulets sont gros et francs d'espèce dans l'Aveyron.

Les oies de Caussade sont fines et grosses. Ces oiseaux sont ennoblis par l'histoire, depuis qu'ils sauvèrent le Capitole; il est encore dit, ailleurs, que Charlemagne, dans ses Capitulaires, donna ordre que toutes les maisons de campagne fussent pourvues d'oies. On cite souvent ce proverbe, pour établir la valeur de cet oiseau domestique :

> « Qui mange de l'oie, mange du roi,
> Cent ans après, on rend la plume. »

Elles nous donnent d'excellentes terrines de foies gras; les oies du Tarn et de la Haute-Garonne sont renommées.

On connait les grosses poules dites :

Crève-Cœur, de la Seine-et-Oise;

De Barbezieux, dans la Charente;

Du Mans, de la Bresse et de la Flèche (Sarthe).

On doit choisir ces dernières dans les plumes noires, à peau blanche, fine, unie. Si elles ont la peau rougeâtre, elles sont vieilles et elles perdent en valeur gastronomique.

Le chapon doit avoir l'ergot court, la peau rosée, la crête fraiche et la voix claire.

Les races d'Asie sont grosses, mais moins succulentes que nos races françaises; les races anglaises sont classées parmi les perfectionnées.

Les lapins domestiques sont meilleurs gris ou noirs.

Les blancs ont la chair lymphatique. Les métis sont gros et ont les oreilles pendantes.

Gibier.

Il diminue tous les ans dans notre province; on le chasse avec persécution. Les Gaulois et les Francs aimaient passionnément la chasse. Ils y faisaient même intervenir leurs dieux lorsqu'ils prenaient une pièce de choix, et ils avaient soin, par reconnaissance, de mettre dans une sébile une obole. Le jour de la fête de Diane, ils allaient acheter avec cet argent un holocauste, et l'offraient en sacrifice à la déesse. Ils terminaient cette cérémonie par un banquet. Les chiens de chasse étaient conduits dans la salle du festin. On les couvrait de fleurs et on leur faisait grande part des aliments qui étaient sur la table.

Nous avons le gibier à poil et le gibier à plume. Nous appelons gibier les animaux suivants :

Le lièvre brun,	Le canard sauvage,
Le lapin gris,	Le perdreau,
L'écureuil,	La bécasse,
Le chevreuil,	Le bec-fin,
Le daim,	La bécassine,
Le cerf,	Le faisan,
Le sanglier,	La caille,
La grive,	L'alouette,
Le coq de bruyère,	L'étourneau.

Les cours du gibier varient selon la saison, l'abondance des marchés et la fraîcheur de la pièce qu'on offre.

Pour se rendre compte de cette fraîcheur il faut regarder les yeux ; ils doivent être ternes, mais frais et bombés. On écarte les jambes, l'odeur doit être celle de la terre et des champs.

La venaison de la bête ne doit se faire que sous les yeux de la maîtresse de maison. Elle aura soin de mettre un grain de gros sel à tous les orifices de l'animal et de le placer dans un lieu aéré, propre, où elle le surveillera journellement, surtout en été, où la venaison a lieu en deux jours. En hiver, il faut une semaine, sauf pour la bécasse qui attend douze à quinze jours.

Poissons.

Les poissons d'eau douce sont les meilleurs, ceux de rivière courante surtout.

Dans certains ruisseaux, on trouve la truite saumonnée à peau lisse et tachée de noir et rouge. C'est un mets exquis apprécié des palais fins.

Les goujons sont aussi recherchés.

L'anguille, qui diffère du serpent par sa tête pointue et sa queue plate.

La barbote, qui vit dans les eaux tranquilles.

L'écrevisse dont la chair est nourrissante.

Les principaux poissons d'étang sont :

Le brochet, la tanche, le cabot. Tous ces derniers doivent s'acheter vivants. On les met en quarantaine, c'est-à-dire dans un cuvier avec 20 litres d'eau de puits, afin de leur laver les chairs qui sentent la vase.

Pour tous les poissons, on reconnait s'ils sont frais aux oreillons qui doivent être rouge vif et les nageoires fort raides.

Viandes de boucherie.

Dès les premiers temps de la monarchie, on voit en France le bœuf, le mouton, le cochon, le veau, l'agneau, le chevreau utilisés comme denrées alimentaires. Aujourd'hui, nous les estimons de la même manière, mais nous donnons nos préférences au bœuf.

Nous donnerons ci-dessous quelques notions sur les meilleures provenances de viande de boucherie, mais il ne serait pas pratique d'aller chez son fournisseur demander telle ou telle race de viande. Il serait fort embarrassé si on lui disait : Il me faut du bœuf de Châtillon. On a le droit de choisir la plus belle viande, voilà tout.

Ainsi, sachons que le bœuf de choix a la chair rouge foncé, marbrée de graisse d'un beau blanc ; si la graisse est jaune, c'est une qualité ordinaire. La viande doit être modérément grasse, si on veut en tirer meilleur parti.

La viande de vache est de teinte moins foncée ; elle vaut celle de bœuf de seconde qualité, si elle a été bien nourrie et rarement mère. La viande de bœuf est préférable en hiver. Elle se conserve alors plus facilement. En été, pour obtenir ce résultat, il faut la mariner, c'est-à-dire la baigner dans une sauce faite d'huile, de persil, thym, poivre et sel.

Les meilleures espèces sont :

Les races Limousines et Charolaises, robe rouge foncé. Cependant, d'où qu'il vienne, le bœuf sain et bien nourri donne une chair succulente et nutritive. Il vaut de 60 à 70 fr. les 100 kilogrammes brut.

Les moutons de Châtillon, du Causse, de Rouergue et du nord du Tarn sont appréciés. Ils se vendent 50 fr. brut les 100 kilog. La chair du mouton est d'un rouge brun. Les meilleurs moutons sont courts sur leurs jambes. La viande sera succulente si on la mange en hiver trois jours après la mort de la bête, et, en été, le lendemain.

Les veaux du Cantal et du Tarn ont la chair blanche, ferme et fine ; les veaux robe rouge sont préférés aux autres couleurs.

Les veaux tués trop jeunes ont la chair gluante, sans qualités nutritives. Cette viande se corrompt fort vite. En été, on la fera rôtir pour la conserver plus de 24 heures.

Toutes ces viandes ont un grand déchet ; le charcutier et le boucher exercent un fort pénible métier, aussi ils vendent cher les pièces de choix. Mais on peut avoir de bons morceaux de 1 fr. 75 à 2 fr. le kilog. : La culotte, les nœuds, l'aloyau, le jarret, l'épaule, les côtelettes et le rôti.

Les cochons du Périgord, du Limousin, de la Bretagne et du Quercy sont recherchés lorsqu'on veut faire sa provision de salé; ils ont le meilleur lard, le saindoux fin, la chair délicate.

Les jambons de Najac, de Mayence valent ceux d'Amérique sans être préparés au sucre comme ces derniers. Avec du sel et du salpêtre on leur donne la belle teinte rosée qu'ils ont.

Autrefois, on se *décarêmait* à Pâques avec un jambon bénit. Les riches en portaient aux pauvres. Aujourd'hui, il nous faut le jambon pour toutes les préparations de la cuisine si on veut les faire bonnes ; on en met peu cependant, afin qu'il dure davantage.

Les saucissons de Lyon et de ménage sont bons.

L'agneau du Larzac, de la montagne Noire est gras et ferme. Cette chair ne conserve pas, il faut toujours l'acheter très fraîche pour qu'elle soit bonne.

L'agneau blanc a une légende fort gracieuse. Il est l'emblème de la Rome chrétienne, comme la louve est l'emblème de la Rome païenne.

Il représente l'innocence par la blancheur de sa robe, la douceur par le calme de son tempérament, le bien-être par la provision de laine qu'il donne.

La louve représente les guerres qui déchirèrent les peuples de l'ancien monde.

A Rome, chaque année, le 21 janvier, on bénit des agneaux. Ces magnifiques bêtes sont posées sur des coussins en damas rouge, ornés de franges faux or, les pattes sont repliées sous eux délicatement liées par des petits rubans rouges et tout le reste du corps est étoilé de rosettes en ruban; la tête est couronnée de roses rouges. Après la cérémonie, qui se fait sur l'autel, à l'église de Sainte-Agnès, on envoie ces agneaux dans un couvent de religieuses qui en ont un soin particulier et les tondent aux époques voulues. C'est avec leur laine seulement qu'on fait le pallium, sorte d'écharpe blanche ornée de croix noires que le pape passe à son cou et qui descend sur sa poitrine. Certains archevêques et évêques en sont dotés. C'est un signe de qualité et aussi un emblème. Il rappelle que le pontife ne peut accomplir sa mission qu'en se sacrifiant lui-même.

Le chevreau des Alpes ressemble, comme goût, au chevreuil jeune.

Le cheval serait bon si on sacrifiait des bêtes jeunes et grasses.

La chèvre de la Lozère est bonne en rôti; je connais un

gourmet du Tarn qui se souvient de sa délicieuse saveur vingt-cinq ans après en avoir mangé.

Denrées coloniales.

On entend par denrées coloniales les produits des îles et des provinces étrangères. Ces produits sont :
Le café qui nous donne cette liqueur divine,

> Qui manquait à Virgile et qu'adorait Voltaire...
> DELILLE.

Le café paraît avoir été introduit en France en 1659. Ce fut un Silicien du nom de Procopio qui fonda, le premier, un établissement public pour servir cette liqueur, qui devint la préférence des beaux esprits dès le dix-septième siècle. On prétend que le café est un excitant. En effet, Trousseau nous dit que le café réveille le cerveau sans l'échauffer comme les boissons alcooliques. Pris en quantité, il peut donner une énervation fébrile, mais il ne conduit pas aux désagréments de l'ivresse. Les peuples du Levant font une consommation énorme de café pur. En Belgique, on le mélange au lait, on n'en est nullement incommodé. Cependant certains grands docteurs, Tissot entre autres, prétendent que le café tue en caressant. On dit que Balzac est mort d'un excès de cette liqueur. On doit en user comme de tout ce qui est bon, et laisser toute passion de côté ; et alors nous dirons avec Fontenelle : « Il faut croire que le café est un poison bien lent, car j'en bois deux tasses par jour depuis près de quatre-vingts ans et ma santé n'en est pas sensiblement altérée. »

Nous avons presque autant de sortes de café que d'îles à l'archipel. Il faut donc apprendre à connaître les meilleures qualités d'abord, parce que le café se paye toujours pour excellente qualité, ensuite parce qu'il pourrait, étant mauvais, donner des maladies ou irritations intestinales fort graves. La fraude du café torréfié existe. On fabrique des grains artificiels avec un mélange de gland doux, de chicorée, de marc de café et de colle forte. Dans le café vert ce sont d'autres compositions mélangées avec de l'argile. Cependant un léger examen, le partage d'un grain, nous remet en bonne voie :

Les meilleures qualités sont :

Le Moka qui vient de l'Abyssinie, grains petits, mal faits et laids de couleur.

Le Martinique beau grain, arôme très fort.

Le Bourbon, le Mysore, le Zanzibar.

Le Manille vert et jaune.

Le mélange de trois cafés par égale part s'opère tous les jours dans les meilleures tables.

Il est économique d'acheter le café vert par petite quantité de 3 kilos, de le laisser vieillir quelques mois dans sa cuisine ; il gagne en quantité une valeur tierce. Le procédé qui convient au café vert détériore le café brûlé. Ne faites jamais provision, au delà de huit jours, de celui-ci.

Le thé est une de nos excellentes boissons. Cependant nous ne le consommons pas avec autant de sensualité que les Anglais et les Chinois, les Hollandais et les Japonais, qui le mêlent aux eaux et au lait qu'ils boivent. Il y a deux qualités de thé : le thé vert et le thé noir. Elles proviennent de la même plante, mais elles ont différentes qualités et ne se préparent pas de la même façon. Le vert est plus aromatique, plus excitant, il se fait en infusion rapide ; le noir est plus stomachique, il se prépare en décoction. Mais le plus souvent on les prend, dans le commerce, mélangés et ils font une excellente boisson digestive. Chevalier signale la sophistication du thé.

Il dit qu'on plonge le thé qui a déjà servi dans un bain où est délayé l'excrément des vers à soie. D'autres le trempent dans une solution gommée. On choisira le thé à feuilles roulées, d'une teinte vert-gris et ne laissant aucune trace plombée entre les doigts qui le pressent.

Le poivre beau lourd d'Alep.
Le girofle blanc de Chine et de La Réunion.
La cannelle de Chine.
La muscade de Chine.
Les figues de Naples, de Smyrne très belles, 1 fr. 20 le kil.
Le raisin sec de Smyrne, de Corinthe.
Malaga pour table, à 1 fr. 25 le kilo.
La datte sucrée d'Algérie.
Le citron de Vintimille.
Les oranges mandarines d'Italie ou de Mayorque.
L'ananas d'Amérique.
Le riz de l'Inde, se vendant de 0 fr. 35 à 0 fr. 40 le kilo.
Le riz Caroline et Piémont extra, 0 fr. 85 à 0 fr. 85 le kil.
Les blés d'Italie qui servent aux pâtes glutinées.
Les blés de Turquie, maïs, etc., d'Amérique et Odessa.

Denrées maritimes.

Les principales denrées maritimes sont :

La morue blanche de Terre-Neuve à la chair blanche et fine. Sur la côte, on l'achète fraîche ; dans le centre on la trouve salée, elle doit être sans taches jaunes et le milieu du dos noir.

Le thon frais et mariné. Il était servi sur les tables d'Athènes. Il vient de Provence. On trouve le thon désossé et le thon qui ne l'est pas en marinade. La tête et le dessous du ventre sont les morceaux préférés des gourmets.

Le saumon de choix est rouge. Dans le commerce on parle de trois espèces de saumon : le saumon proprement dit est celui qui est parvenu à la grosseur désirable, puis les tocans qui ont un volume moindre et les bécards qui ont la mâchoire d'en bas d'une forme particulière. Le saumon naît dans la mer, il remonte les rivières jusqu'à leur source, mais au bout d'un an, il y maigrit s'il y reste.

Le homard : ce poisson est fort commun sur les côtes occidentales et méridionales de la France. Il devient très gros, mais la grosseur moyenne est préférable. Pour le reconnaitre frais, il faut le retourner sur le dos, prendre la queue par le bout, avoir de la résistance à l'étendre et il faut qu'elle revienne promptement sur elle-même. On le flaire au corsage. La moindre odeur le rend mauvais.

La langouste est plus petite, plus fine, plus estimée.

L'alose prise en mer est sèche et salée, peu savoureuse ; celle qui a remonté les rivières est grasse et ne coûte pas plus cher.

Le merlan a la chair friable, légère, de bonne digestion ; elle s'opère même si vite que Brunet a dit : « La nature n'a pas le temps d'en disposer pour le soutien de notre corps. » On dit d'un mauvais repas : « Dîner comme sans merlan ? »

Le maquereau, poisson d'un jaune soufre dans l'eau, argenté au dehors sous le ventre avec quantités de raies bleu verdâtre.

La sardine est un mets assez délicat étant mangé frais. Celles qui viennent des côtes de Bretagne sont meilleures.

L'anchois est sans écailles ; charnu, il n'a point d'arêtes, excepté arête du dos qui est fort menue. Frais, il se digère mieux que salé. Ce dernier est surtout employé comme assaisonnement.

Le hareng a le ventre d'un blanc argenté, la tête d'une petite alose. Si on veut le manger frais, on doit prendre les petits, ils sont de la longueur du doigt.

La sole est recherchée pour la bonté de sa chair, les soles de neuf à dix pouces de longueur sont préférables; si elles sont plus grosses, la chair est dure.

L'éperlan, qui nait dans la mer, est pêché dans les rivières où il remonte à certaines saisons. Sa chair a un goût de violette; on doit le choisir beau, luisant, couleur d'ivoire.

L'esturgeon vient aussi de la mer jusque dans les rivières, où il s'engraisse beaucoup et où il devient délicat. Il contient dans toutes ses parties beaucoup d'huile et il se digère difficilement. On le reconnait à son museau pointu, son ventre plat, son dos bleuâtre; il est rare en France.

La vive a une chair ferme, blanche, friable. C'est un poisson sain et exquis, elle possède des arêtes piquantes et très dangereuses. Si on s'y pique, il faut faire saigner la plaie et baigner son doigt dans de l'eau-de-vie pendant longtemps.

La raie. Il y en a de plusieurs espèces : la bouclée est la meilleure.

Le turbot. On doit le choisir blanc et épais.

Les huitres de Marennes, de Cancale, de Saint-Malo sont agréables au goût et excitantes.

Les clovisses, les moules peuvent être dangereuses au moment du frai.

Là où se fait la pêche, et à tous les ports de mer, on peut manger à bon marché de tous ces poissons. Au centre ils sont plus chers; on doit profiter des jours de marché, où l'approvisionnement est complet, pour les avoir à meilleur prix.

Denrées conserves alimentaires

Les principales denrées conserves alimentaires sont préparées en France et vendues en boite depuis 100 grammes jusqu'à 1 kilo. Ce sont :

Les olives en saumure, les cornichons en saumure, les piments au vinaigre, les câpres, l'ananas, les cèpes, les champignons, les asperges, les haricots, les petits pois, les tomates, les truffes, les abricots.

Les sardines à l'huile, les maquereaux, les royans, le homard, le saumon, l'alose.

On trouve toutes sortes de pièces fines en viandes, gibiers, truffées, mais les prix ne sont pas assez économiques pour en faire la nomenclature.

Les confitures nous viennent :
De Clermont (Auvergne).
De Dijon, de Metz.

Les fruits glacés nous viennent de Montpellier.

Gâteaux secs

Les fabrications Anglaises dominent, mais les palmers seuls ont sur les autres gâteaux secs un avantage réel. Ils sont fermes sous la dent et d'arôme très fin.

Nous avons des fabrications bordelaises qui sont très bonnes.

Les biscuits de Reims sont d'une fabrication parfaite ; ils donnent un très bon goût au palais et se conservent longtemps en boîte.

Les gâteaux secs dits échaudés sont aussi très appréciables. Ils se conservent comme le biscuit militaire. L'Aveyron et le Tarn font ces derniers journellement, et nous appelons l'attention de nos lectrices sur une fabrication spéciale glutinée que nous dénommerons : Gâteaux du 30 juillet de l'*Economie domestique*, en souvenir de la mise au jour de l'ouvrage. Son prix permet à tout petit ménage d'avoir un dessert nourrissant.

Etoffes

Une femme qui va dans un magasin acheter doit savoir demander l'étoffe qu'elle désire au point de vue de la qualité ou de la fabrication. Les bons articles sont désignés ci-dessous.

Les bonnes toiles de ménage sont celles de Lille, de Vimoutiers, Clermont.

Les meilleurs coutils de literie sont les coutils de Flers.

Les meilleurs tissus cotons pour ameublements et autres usages sont :

Les cretonnes, les indiennes, les percales, les andrinoples, les croisés de Rouen.

Les croisés noirs et les doublures en couleur de Villefranche-du-Rhône sont préférés.

Les meilleurs draps de laine sont :

Les fabrications de Sedan en noir; d'Elbeuf, du Nord, pour les nouveautés de couleur.

Les meilleures fabrications de drap, coton et laine, sont :

Les draps de Lisieux, de Mazamet, Lavelanette et Castres pour robes à la campagne.

Les meilleurs mérinos sergés sont les lainages de Reims.

Les lainages fantaisie modes sont : les articles de Roubaix.

Les dentelles point d'Alençon, point d'Angleterre, se fabriquent en Belgique, à Saint-Quentin, à Lille.

Le Puy fait la dentelle de fil au fuseau.

Les velours en coton d'Amiens.

Les velours soie de Lyon.

Le ruban soie et velours à bande se fait à Saint-Etienne.

CINQUIÈME PARTIE

ART CULINAIRE — COMPTABILITÉ

ART CULINAIRE

« La sobriété est la santé de l'esprit. »
SOCRATE.

Le but de l'alimentation est de combler, à l'aide d'aliments et de boissons, les pertes que l'organisme ne cesse de faire. Pour cela, il faut faire un choix judicieux de ses aliments.

L'appréciation que nous avons établie sur nos denrées alimentaires, nous sera utile et nous permettra de les choisir et de débattre à propos leur prix. Il ne reste qu'à savoir bien varier et bien préparer les choses achetées :

« La qualité des aliments contribue à la délicatesse de l'esprit » (Cicéron). A l'exception de l'eau et du sel qui sont empruntés directement au règne minéral, tous les aliments sont puisés dans les deux autres ordres de la nature : règne végétal et règne animal.

Nous prendrons nos provisions, pour nos préparations culinaires, parmi celles que la science appelle aliments azotés et non azotés. Les aliments azotés sont ceux qui contiennent des substances nutritives telles que l'albumine, la fibrine, la caséine, la chair musculaire; on les appelle encore aliments complets, aliments plastiques, c'est-à-dire aliments qui forment : en effet, ils nous font la moelle des os et la richesse du sang.

Les œufs, la chair et le lait sont les plus riches en matière nutritives. Les Chinois appellent le lait : du sang blanc; ils n'en prennent que comme remède, tandis qu'ils savourent comme entremets les nids d'hirondelles.

Les aliments qui sont de l'ordre organique, mais non azotés, sont la graisse, le beurre, les huiles végétales ou animales, le miel des abeilles, en un mot tous les aliments gras.

Nous avons les aliments féculents, tels que les céréales, les graines légumineuses, les pommes de terre, les châtaignes, etc.

Les aliments sucrés : tels que la betterave, la carotte, les raisins, etc., etc.

Les légumes herbacés, les choux, le cresson, sont nutritifs; l'oseille, la tomate, l'asperge, sont rafraîchissants; l'ail, l'oignon, le radis, les navets, accélèrent le pouls, excitent la digestion et les fonctions rénales ; les pois, les haricots, les lentilles, les fèves sont riches en fer.

Le poivre, la muscade, les clous de girofle, pris modérément, activent la sécrétion de la salive, du suc gastrique, donnent de la chaleur à la peau. Pris en quantité, ils excitent le cerveau, irritent le tube digestif et donnent de la sécheresse au pharynx.

Le bouillon est un excitant à la digestion ; il agit **surtout** par ses sels et son arôme. Le meilleur est le **pot-au-feu**.

Ces divers aliments sont appelés organiques parce qu'ils sont puisés dans le règne animal ou **végétal**.

Les aliments dits inorganiques sont : « l'eau qui pénètre tous nos tissus, le fer qui colore et enrichit le sang, les phosphates de chaux qui s'appliquent aux os, le soufre qui fait partie des ongles, le phosphore qui s'identifie avec le système nerveux, le sel marin qui fait partie de toutes les sécrétions du corps. » Ces aliments sont appelés inorganiques : c'est pour déterminer qu'ils appartiennent au règne minéral.

Depuis quelques années, on parle beaucoup de la Société des végétariens ou pythagoriciens ; on y trouve des hommes très intelligents, bien constitués et qui en suivent toutes les règles. On ne les appellera pas des saints comme le saint Paul de la Thébaïde qui ne prenait que des dattes et de l'eau, le saint Jean du désert qui ne mangeait que des racines et du miel sauvage, le saint Romuald de nos annales qui se contentait de salades. Nous les appellerons plutôt les adeptes de nos voisins d'outre-Manche, les Français imitatifs.

C'est en Angleterre que le régime végétarien a planté le plus haut son drapeau. Le célèbre Rikson fut le zélé propagateur de cette doctrine, qui s'est répandue plus tard en Allemagne, en Suisse, en Amérique, en France. Nos végétariens accentuent leur système depuis que Cuvier et Buffon ont écrit « que l'appareil anatomique de l'homme ressemblait dans sa conformation à celui des frugivores. »

Geoffroy Saint-Hilaire prétend qu'un régime exclusivement végétal déprime l'énergie physique et morale ; il est dit ailleurs que les athlètes Spartiates se nourrissaient habituellement de viande. Pour mettre tous ces grands savants d'accord, nous dirons, avec Witkowski, qu'un régime végétal quelque peu animalisé est celui qui convient le mieux à l'espèce humaine ; nous nous abriterons aussi sous l'aile du bon génie de Lafontaine et nous ajouterons à sa devise :

« Diversité » dans les mets,
Flatte nos meilleurs gourmets.

En conséquence, nos repas de famille se composeront d'un bon bouillon, d'un plat de viande, d'un plat de légumes appropriés à chaque jour. On trouvera, ci-après, le menu d'une semaine applicable à chaque saison de l'année.

MENUS DE FAMILLE

Décembre. — Janvier. — Février.

LUNDI

MATIN	SOIR
Bouillon roussi aux navets,	Soupe aux choux,
Bouilli de veau poivrade,	Filet de porc frais rôti,
Pommes de terre sautées.	Riz au gras.

MARDI

MATIN	SOIR
Potage au bœuf, vermicelle,	Soupe à l'oignon,
Bouilli remoulade,	Lapin sauté,
Racines à la blanquette.	Œufs sur le plat.

MERCREDI

MATIN	SOIR
Bouillon au riz,	Soupe roussie aux choux,
Friture de saucisse ou boudin,	Pieds de mouton à la poulette,
Purée de pois avec croûtons.	Céléri au jus.

JEUDI

MATIN	SOIR
Potage aux pâtes d'Italie,	Soupe à l'ail,
Rognons de veau sautés,	Fricandeau aux câpres,
Boules de pommes de terre.	Choux farcis.

VENDREDI

MATIN	SOIR
Soupe au fromage choux verts,	Soupe purée de pois,
Friture de poisson,	Morue albigeoise,
Œufs omelette.	Lentilles.

SAMEDI

MATIN	SOIR
Potage tapioca,	Soupe aux croûtons,
Bifteck,	Langue de veau,
Pommes de terre.	Champignons secs.

DIMANCHE

MATIN	SOIR
Bouillon Henri IV,	Bouillon julienne,
Poule farcie,	Mouton rôti,
Œufs sur le plat.	Salade avec œufs durs.

Mars. — Avril. — Mai.

LUNDI

MATIN	SOIR
Soupe purée de pois,	Soupe aux herbes,
Agneau à l'oseille,	Aloyaux de bœuf rôtis,
Choux fleurs en sauce blanche.	Pois au jambon.

MARDI

MATIN	SOIR
Potage vermicelle,	Bouillon à l'oseille et blettes,
Bouilli à la poivrade,	Poulet sauté à l'oignon,
Racines frites.	Haricots sauce blanche.

MERCREDI

MATIN	SOIR
Potage au riz,	Soupe paysanne,
Veau aux olives,	Epaule de mouton,
Asperges blanquette.	Purée de haricots.

JEUDI

MATIN	SOIR
Potage,	Soupe aux poireaux roussis,
Bœuf bouilli aux cornichons,	Rôti de pigeons,
Artichaut farci ou en ragoût.	Lentilles.

VENDREDI

MATIN	SOIR
Soupe au beur. et aux fines herb.	Tourrin (soupe de Marseille),
Poisson de mer,	Court bouillon aux œufs,
Omelette aux croûtons.	Carottes nouvelles au sucre.

SAMEDI

MATIN	SOIR
Bouillon léger de veau,	Bouillon aux légumes,
Riz de veau à l'oseille,	Chevreau rôti.
Œufs au miroir.	Pommes de terre farcies (avec le veau du bouillon du matin).

DIMANCHE

MATIN	SOIR
Potage semoule,	Soupe aux herbes,
Fricassée de poulet,	Daube de bœuf,
Oignons au jus.	Macaroni au gratin.

Juin. — Juillet. — Août.

LUNDI

MATIN	SOIR
Potage Julienne,	Bouillon aux haric. et aux cro
Cœur de veau aux olives,	Rôti de mouton,
Choux farcis.	Haricots frais au jus.

MARDI

MATIN	SOIR
Potage aux herbes,	Tourrin,
Bifteck au beurre,	Poulet blanquette,
Pommes de terre.	Tomates farcies.

MERCREDI

MATIN	SOIR
Soupe aux poireaux,	Soupe à l'ail,
Veau fricandeau,	Cotelettes grillées,
Epinards aux croûtons.	Œufs brouillés.

JEUDI

MATIN	SOIR
Soupe au jambon avec légumes,	Bouillon de veau,
Poulet sauté,	Bouilli aux cornichons,
Omelette.	Petits pois.

VENDREDI

MATIN	SOIR
Soupe maigre,	Soupe Julienne,
Poisson frit,	Morue remoulade,
Œufs pochés sur crème.	Pommes de terre nouvelles.

SAMEDI

MATIN	SOIR
Bouillon aux os,	Bouillon à l'oseille,
Poulet rôti,	Agneau persillade,
Carottes dans le jus.	Riz au lait.

DIMANCHE

MATIN	SOIR
Bouillon Henri IV,	Tapioca,
Poule farcie,	Gigot rôti,
Choux fleurs à la tomate.	Gros haricots de Soissons.

Septembre. — Octobre. — Novembre.

LUNDI

MATIN	SOIR
Soupe aux choux,	Bouillon raves,
Langue de veau fourrée,	Fricandeau de veau,
Aubergines farcies.	Racines en sauce blanche.

MARDI

MATIN	SOIR
Potage au bœuf,	Bouillon au jambon,
Rôti de volaille,	Bouilli de bœuf sauce piquante,
Pois au jambon.	Pommes de terre paysanne.

MERCREDI

MATIN	SOIR
Soupe à l'oseille,	Soupe aux croûtons,
Côtelette papillotte,	Cœur de cochon aux câpres,
Céleri au jus.	Macaroni au gratin.

JEUDI

MATIN
Bouillon mouton et veau,
Poulet rôti,
Haricots flageolets.

SOIR
Bouillon potage,
Mouton et veau en blanquette,
Œufs aux anchois.

VENDREDI

MATIN
Soupe au fromage,
Poisson frit,
Riz au lait.

SOIR
Soupe tourrin,
Homard en remoulade,
Omelette.

SAMEDI

MATIN
Bouillon julienne,
Pigeons rôtis,
Lentilles au jus.

SOIR
Soupe au potiron,
Pieds de veau,
Céleri au jus.

DIMANCHE

MATIN
Pot au feu,
Poule farcie,
Œufs durs.

SOIR
Bouillon tapioca,
Gigot gascon à l'ail,
Haricots riz.

DINERS DIVERS

> Les morceaux caquetés se digèrent mieux.
> Pinon.

Après le dîner de famille, nous classerons les dîners d'amitié : ils se composeront du même menu que le dîner de famille. On ajoutera, pour honorer l'ami convive que nous aurons le bonheur de posséder, un plat de plus, pris soit dans les denrées alimentaires en conserves, soit dans les denrées végétales, soit dans les denrées animales, selon le goût préféré que nous connaissons à notre ami.

Pour le mettre à l'aise, vous lui donnerez à comprendre que vous le recevez à la fortune du pot ; il ne manquera pas de vous répondre qu'il est heureux d'être ainsi traité : « Car dans la gêne, il n'y a point de plaisir. »

Après les dîners d'amitié, nous classerons les dîners d'apparat. Autrefois, ils se composaient de plusieurs potages, plusieurs relevés, plusieurs hors-d'œuvre, plusieurs entrées, plusieurs rôtis et plusieurs entremets, d'un dessert tout à fait varié. Aujourd'hui, la mode a eu la bonne inspiration de simplifier le service à la française et le service dit à la russe.

Nous donnerons un exemple de chacun.

Pour le service à la française, on mettra le couvert

comme d'habitude; on disposera quatre hors-d'œuvre tels que :

Sardines à l'huile;
Saucisson de Lyon;
Radis;
Beurre.

On présentera sur la table :

POTAGE
Potage aux pâtes de Toulouse.

RELEVÉ
Un poisson sauce mayonnaise.

ENTRÉES
Daube de bœuf aveyronnaise; saucisses truffées; vol-au-vent à la morue; omelette soufflée.

LÉGUME
Petit pois à la française.

ROTI
Un rot de dinde aux olives.

ENTREMETS
Macaroni,
Beignets de pommes.

SALADE
Asperges.

DESSERTS
Divers desserts variés dont une pièce montée.

Vins : Roussillon ordinaire, Bordeaux Saint-Julien, Saint-Péray, Champagne, café et thé.

Dans le service à la russe, la table, mise comme d'habitude, sera garnie par trois corbeilles de fleurs, dont une au milieu et une à chaque bout. Les desserts et les hors-d'œuvre sont disposés tout au tour. On jouit ainsi de la vue du dessert qui peut être féerique, selon le goût de la maîtresse de maison. On ne connaît que par les cartes du menu ce que l'on offrira à manger dans le courant du service, et vous vous servirez à mesure qu'on vous présentera les mets découpés à la cuisine.

Cette mode est élégante, mais ne vaudra jamais la mode française pour le convive. Il est bien plus agréable de jouir de la vue d'une belle pièce de volailles qu'on va savourer, que d'un bouquet de fleurs qu'on ne fait que sentir.

Dans le quatrième ordre, nous classerons les repas dits ambigus; c'est un repas où les services sont réunis en un seul et tous les plats confondus. Il a lieu la nuit ou le matin; on ne doit pas y trouver un grand nombre de sauces ni de légumes. Les rôtis, les hors-d'œuvres, les entremets sucrés, les gelées, les fruits, les petits fours doivent remplacer les entrées.

Avant de faire la classification des plats que l'on peut préparer, nous allons donner un aperçu de diverses manières d'éplucher les légumes, vider les volailles, le gibier et le poisson.

Epluchage des légumes.

On les prendra délicatement avec le pouce et l'index de la main gauche, on les lavera s'ils sont terreux ou moisis; on les égouttera; on saisit de la main droite un couteau pointu, avec la pointe on commence d'enlever les meurtrissures, les aspérités des légumes et on opèrera le pelage ou le râclage.

Légumes à peler.

La pomme de terre,
Les aubergines,
Les navets,
Les raves.

Légumes à éplucher.

L'artichaut,
La tomate,
Le chou-fleur,
Les pois,
Les haricots,
Les lentilles,
Les salades.

Légumes à râcler.

La scorsenère,
Le salsifis,
Les radis,
Les carottes.

On doit toujours laver ses mains après l'épluchage des légumes et brosser ses ongles. Il arrive qu'on recueille dans ces derniers des saletés malfaisantes. Il en résulte des tournioles, des panaris. On doit traiter ce dernier, que l'on reconnait à une bosse qui se forme sous l'aisselle dans le délai de quatre à cinq jours, par l'onguent résolutif de l'*Economie domestique*. Après huit jours de souffrances atroces, si on attend tout autre résolution du mal, on verra l'os des phalanges sortir et on aura la main estropiée. Cet onguent, préparé par un célèbre médecin de marine, agit promptement, produit une suppuration abondante au dehors et enraye ainsi les progrès du mal avant qu'il ait perforé la moelle.

Manière de vider le gibier.

On fendra la peau autour du jarret, on la fera glisser avec les doigts et la lame du couteau jusqu'au genou de l'animal ; on fendra le long des cuisses et on retroussera toute la peau ; on soulèvera jusqu'à la queue qu'on écorchera doucement et qu'on épointera avec les ciseaux ; ensuite on tirera vivement avec les deux mains jusqu'à la tête. A ce point, on aura soin de fendre avec le couteau autour des oreilles, du front, des yeux et du museau ; la peau est très adhérente dans ces parties. On étendra la bête sur le dos, sur la planche à découper, on l'ouvrira sur le ventre, on aura soin de recueillir le sang qui peut s'en échapper qu'on conservera pour faire le saut-piquet ; on enlèvera les boyaux, et le fiel sera rejeté. Pour le lièvre, on laissera la peau du bout des pattes de derrière, on les croisera gracieusement à la broche tandis que les pattes de devant seront coupées au genou et cachées soigneusement dans les entrecôtes. On pique de lanières de lard tout le gibier. Pour les oiseaux on les vide comme la volaille ; il y en a cependant que les gourmets préfèrent non vidés. Brillat-Savarin les appelle oiseaux du paradis, ce sont :

La bécasse,
La grive,
Le merle,
Les alouettes,
L'ortolan.

On conserve la tête et le cou des bécasses, des alouettes, on met sous le rôti des tranches de pain étendues de beurre où l'on écrase quelques grains de genièvre ; on plie l'oiseau dans des feuilles de treille.

On embroche les gros oiseaux en long et les petits en travers.

Manière de vider le poisson.

On enlève les écailles en promenant la lame d'un couteau de la queue vers la tête ; on tâche de ne pas entamer la peau. On arrache les ouïes, on retire par là les intestins si on ne veut pas pratiquer une ouverture sous le ventre ; on le lave à grande eau. Nous ne conseillons pas de manger les œufs des poissons, parfois ils sont nuisibles et ils ne causent jamais une grande perte si on les jette ; on essuiera bien le poisson avec un linge propre, on le saupoudrera de farine si on veut le manger en friture ou rôti.

Manière de vider les volailles.

Nous prenons pour exemple une poule. Par esprit économique, vous ne lui donnerez pas à manger la veille du jour où vous voulez la tuer; vous ferez cette opération dès le matin afin que la bête ne souffre pas de la faim, ce qui diminuerait sa bonne qualité. Vous la blesserez derrière l'oreille à la veine jugulaire, vous recueillerez le sang qu'on utilise soit dans une sauce piquante, soit en friture; vous plumerez la volaille du temps qu'elle est chaude, vous la flamberez avec un papier pour ne pas la noircir. Vous la viderez de la façon suivante : on commence à faire une incision dans le cou, on enlève la poche ou jabot en coupant le boyau qui est adhérent, il faut prendre garde de ne pas percer cette poche afin que les aliments digérés qu'elle contient ne se répandent pas à l'intérieur. Vous faites une seconde incision sous le ventre, vous retirez les intestins, le cœur et le foie en prenant garde de ne pas écraser le fiel qui tient à ce dernier; on tire de la main droite tandis que l'on presse sur le ventre de la main gauche; enfin vous enlevez le bec en rond, les yeux et vous essuierez bien la bête; toutes les volailles vieilles se garnissent de farces, les jeunes d'olives, de truffes et de marrons.

On reconnait une volaille *vieille* lorsque la peau de ses pattes et de ses cuisses est comme écailleuse, couleur jaune ou brun noir. Les jeunes ont la peau simplement marbrée de jolis filets rougeâtres, l'ergot est court et souple chez les mâles.

PROVISIONS CONSERVÉES

Manière de conserver la graisse.

La graisse est un assaisonnement indispensable qui excite l'appétit et favorise la digestion ; elle est produite par le saindoux du cochon que l'on coupe en morceaux de la grosseur d'une noix ; on la place dans un récipient en fonte, en cuivre ou fer-battu, on la baigne à moitié dans un peu d'eau et l'on fait bouillir sur un feu doux. On y met très peu de sel. On ne doit pas mettre des épices ni des plantes odorantes dans cette conservation, elles activent l'odeur de rance. On reconnaît que la graisse est cuite à point à sa couleur claire et blonde et lorsqu'elle ne pétille plus au feu. On s'en assurera en trempant un bout de papier propre dans la graisse et en le présentant à une flamme vive. Si on n'entend aucune crépitation, la graisse est cuite à point. On retire alors le vase de dessus la flamme et l'on vide dans des pots en grès non vernis à l'intérieur ou dans des vessies de porc lavées avec de l'eau saturée d'un peu d'eau-de-vie. On couvre les pots lorsque la graisse est complètement refroidie, après avoir mis un rond de papier intérieurement, imbibé d'alcool ; on les place dans un endroit sec et frais.

Conservation du lard et du jambon.

On doit avoir un baquet ou vase en bois, à défaut trois planches plates ; vous garnissez le fond d'un lit de sel, vous mettez vos morceaux de porc en commençant par les plus gros, vous les recouvrez d'un autre lit de sel ; sur les jambons, vous ajoutez en plus quelques pincées de salpêtre ou sel de nitre, ce qui leur donne une couleur rouge ; vous les laissez ainsi pendant une quinzaine ou un mois, alors vous suspendez les lards dans un lieu qui ne soit pas humide. Vous les couvrirez d'un gros papier afin de préserver le bord contre les poussières et les mouches, vous aurez soin de mettre dessous une couche de sciure de bois pour recueillir la saumure et préserver le plancher. Vous envelopperez les jambons très serré dans un linge avec quelques poignées de gros sel ; si vous désirez les fumer, vous les passez tous les jours une fois sur un feu fait de genièvre ou de laurier, vous les suspendrez ensuite dans un lieu très aéré.

Fabrication des saucissons.

On prend les viandes maigres du porc, quelque kilos de bœuf, on les coupe par petits dés ; on ajoute quelques tranches de lard frais blanc de la même grosseur, on mélange avec la viande rouge, on pétrit avec un demi-verre de bon vin et une cuillerée de cognac ; on mettra par kilo de viande 50 grammes sel de cuisine, 3 grammes sel de nitre, pour toute épicerie on ne mettra que 3 grammes de poivre blanc et 3 grammes de poivre noir ; on remplira les boyaux les plus gros du cochon après avoir eu le soin excessif de les faire nettoyer à grande eau de rivière, à eau tiède et à eau saturée de vinaigre. On suspendra les saucissons après les avoir roulés longtemps avec précaution dans la main afin de les tasser. Pour les conserver, faites bouillir 200 grammes de lie de vin propre, avec du laurier et thym, resserrez les ficelles qui nouent les boyaux des saucissons, barbouillez-les avec cette lie chaude, laissez sécher, enveloppez-les de papier et mettez-les dans du sable fin.

Il existe des machines qui sont exclusivement pour la fabrication des saucisses et des saucissons ; c'est un ustensile de luxe s'il n'est pas nécessaire à un métier spécial.

Conservation du Beurre frais.

Vous en formez de petites boules, vous les mettez dans l'eau que vous changerez tous les jours ; on peut le conserver ainsi quelques mois ; s'il venait à rancir, vous le pétririez dans de l'eau contenant une dissolution de 20 grammes de bi-carbonate de soude par kilogramme de beurre.

Beurre Fondu.

Voici le meilleur procédé pour enlever au beurre son sérum, matière aqueuse qui le fait rancir ; vous mettez le beurre dans une casserole sur un feu doux, préférablement au bain-marie, c'est-à-dire qu'on dépose dans de l'eau bouillante le vase dans lequel le beurre est contenu ; vous le laissez à cette étuve liquide deux ou trois heures. Lorsque la partie séreuse sera évaporée ou coagulée au fond du vase, vous verserez votre beurre clarifié dans des pots de grès que vous conserverez dans un lieu sec et frais.

Beurre Salé.

On le lave et on le pétrit dans l'eau. On le place en couches de 2 centimètres dans une terrine de grès. On met une légère couche de sel au-dessus. On continue ainsi, puis on égalise la surface ; on recouvre le pot et on le met en un lieu très frais.

Avant de se servir de ce beurre, on le laissera baigner une nuit dans l'eau douce.

Fabrication du Pain.

Le propriétaire ou le particulier qui fait son pain est souvent surpris de ne pas l'avoir réussi, après y avoir mis toute son intelligence et tout son savoir-faire ; toute la science dépend de la mise en œuvre du levain.

On se sert, dans certaines localités, de la levure de bière, qu'on délaye dans l'eau avec laquelle on pétrit la farine. On met dans cette eau le sel nécessaire. On travaille la pâte jusqu'à ce qu'elle se détache parfaitement des mains. Le second procédé que nous allons indiquer est un peu plus long, mais certain. On doit l'employer partout où l'on est obligé de fabriquer son pain et là où la levure de bière est introuvable.

Si on possède du levain, on doit le mettre trois fois en œuvre, la première fois à midi, par exemple, en le pétrissant avec de la farine et de l'eau tiède en été, un peu chaude en hiver. On le double par le même procédé à quatre heures, ensuite vers dix heures; enfin, le lendemain, de bon matin, on pétrit son pain rondement, lestement. Dans une heure de travail, il doit être dans les bannetons et sous couverture, pour faire lever la pâte.

Certains se contentent de la laisser dans le pétrin. Il faut alors lui donner une heure de plus de levure.

Pour pétrir, l'eau doit être plus chaude que pour le levain, afin d'activer la fermentation. Pour faire du pain très beau, on mélangera deux ou trois qualités de farine.

Le four doit être chauffé à blanc durant l'heure et demie qui suit la fabrication du pain en été et durant les deux ou trois heures en hiver. Les pains de 1 kilo resteront une heure au four, ceux de 2 kilos une heure trois quarts, les autres deux heures.

Dans certaines contrées, les boulangers font cette spéculation qui nous semble favorable aussi au client. C'est de recevoir 100 kilos de beau grain et de rendre 100 kilos de pain. Le poids de sel, d'eau, le revenu du son, l'habitude de leur métier permet de couvrir leur peine et leur frais de cuisson.

CONSERVES ALIMENTAIRES

Confitures.

Une maîtresse ordonnée aura toujours une provision de conserves, telles que quelques confitures des plus économiques : parmi celles-ci, nous citerons les confitures de carottes et de betteraves. On coupe en petits fils de 3 millimètres d'épaisseur les carottes ou betteraves rouges. On les pèsera, on les fera cuire dans deux verres d'eau ou de cidre doux. Au bout d'une heure, on ajoutera 300 grammes de sucre par kilo. Après dix minutes d'incorporation, on versera dans des pots, en y ajoutant un peu de jus de citron, et on conservera.

Pour la confiture de guignes et de groseilles, on enlève le noyau et la queue des premières, on les dépose dans un vase sur le feu ; une légère ébullition leur fait rendre l'eau, un bouillon plus vif la reprend, c'est alors que l'on mettra 300 grammes de sucre par 500 grammes de guignes employées ; après cinq minutes de cuisson, on mettra dans des pots de verre et on conservera. La groseille sera exprimée et on mettra son jus sur le feu ; après dix minutes d'ébullition, on y jettera 400 grammes de sucre par 500 grammes de groseille exprimée ; aussitôt fondu, on retirera du feu et on mettra en conserve. On ajoutera 100 gr. de framboises si on veut la parfumer.

Pour les fraises et les figues, faites cuire dans très peu d'eau 400 gr. de sucre par 500 gr. de fruits, après un quart d'heure de cuisson, vous mettrez ces dernières épluchées, laissez cuire dix minutes, écumez et mettez en pots.

Les confitures de noix sont délicieuses, mais comme elles demandent 600 grammes de sucre pour 500 grammes de fruit, elles seront classées dans les confitures de luxe, ainsi que celles de pommes, d'oranges et de coings, qui demandent un égal poids de sucre à celui des fruits employés.

Confitures de luxe.

Aux pommes,
Aux oranges,
Aux coings,
Aux noix.

Confitures économiques

Les carottes,
Les betteraves,
Les guignes,
Les fraises,
Les figues.

Si on possède un jardin, on peut aussi conserver l'oseille et les tomates ainsi que des petits pois, des bouts d'asperges, des cœurs d'artichauts par le procédé suivant : On les fait blanchir séparément dans quelques litres d'eau, on égoutte, on tasse soigneusement dans des pots de grès et on recouvre d'huile d'olive. Le point de conservation est de soustraire à l'air les aliments, l'oxygène de l'air est un agent de fermentation et de putréfaction.

Les cornichons, les câpres sont conservés en les laissant macérer quelques jours dans du sel, on les essuie, on les met dans un bain de bon vinaigre bouillant. Couvrez le pot et laissez infuser jusqu'à ce que leur couleur tire sur le jaune brun. Alors faites bouillir de nouveau le vinaigre sur un feu ardent, jetez-y vos cornichons ou vos câpres. Remuez-les et, après cinq minutes d'ébullition, ils auront repris leur couleur primitive. Laisser refroidir hors du chaudron, s'il est en cuivre.

Les oignons et les aulx sont conservés en les suspendant dans un lieu sec; il faut leur enlever le germe lorsqu'il pousse. Cette exubérance extérieure enlève toute qualité à l'aliment, on est obligé d'en subir la perte et de faire les frais d'un nouvel achat.

On placera les pommes de terre en tas, on les saupoudrera de soufre. On doit aussi enlever les germes de ces tubercules.

Fruits

Pour les conserver, il faut les cueillir avec soin, un peu avant leur maturité, les placer dans un lieu clos, sec et sombre, au midi. On place la pêche, la figue, la prune sur de la mousse sans odeur. Chaque fruit fait là sa niche, ne touche rien de dur, ne presse aucune voisine, excellents procédés de conservation. On les visite une fois par jour et on enlève rapidement toutes celles qui paraissent vouloir pourrir. On place la pêche sur la queue; la figue, les prunes sur le côté; les poires sur l'œil, c'est-à-dire la queue en haut; les pommes, indifféremment. Ces deux fruits se conservent sur le bois nu très propre.

Le raisin: rien ne lui est nuisible comme de le suspendre en l'air, attaché par un fil aux cerceaux, tringles, etc., à moins de l'envelopper de sacs de papier bien fermés. On le cueille mûr, on plonge sa queue dans une colle fondue, la colle forte de menuisier, par exemple, ou dans une pomme de terre. On le pose dans un tiroir d'armoire de trois à quatre pouces de profondeur sur des fougères dont on retranche les grosses côtes. On conserve de préférence le chasselas blanc.

On applique aussi une capsule de colle ou de cire sur la queue des poires. On ne doit pas approcher du feu les fruits gelés, mais les plonger dans un bain d'eau froide quelques instants. On les égoutte, on les essuie en les retirant.

Foies

La conservation des foies d'oie et de canard se fait de la manière suivante : On fait un hâchis de viande de veau et de porc frais avec quelques champignons secs et 3 dés de jambon salé ; on dépose au fond d'une terrine de grès, une côte de céleri et une tranche de lard, on applique une couche de farce très serrée, une pincée de sel, une pincée de poivre ; on tasse les foies que l'on a coupés à gros morceaux, superposant de temps en temps du poivre, du sel et de la farce ; on recouvre et on fait cuire dans le four à chaleur modérée ; après la cuisson, on égoutte toute la graisse des terrines, on verse un filet de rhum à la place et on laisse prendre consistance à ce pâté durant vingt-quatre heures d'hiver ; on recouvre avec la graisse de porc et on le place dans un lieu sec. Pour faire des terrines truffées, on coupe en quatre des truffes de moyenne grosseur, nettoyées et on les sème dans le pâté. On peut en hacher une dans la farce.

Boissons de ménage

On mettra à infuser dans de l'alcool de 90 degrés des grains de café torréfié ou du zeste d'orange ou des noyaux de cerise concassés, des feuilles de verveine odorante, des feuilles d'angélique, absinthe balsamique selon le goût des personnes de la maison. On décantera au bout d'un mois, on prendra deux cents grammes d'eau et trois cents grammes de sucre qu'on fera fondre sur un feu vif, on versera dans une bouteille lorsque ce sera refroidi et on achèvera de le remplir avec le liquide décanté ci-dessus.

Si on veut ambrer la liqueur on fera dissoudre le sucre dans une infusion de thé. Pour le cassis, on le plongera dans une infusion mélangée de vin et d'eau-de-vie ; à toutes ces liqueurs on ajoutera un verre de rhum. L'anisette est une liqueur de luxe, elle dépense 700 grammes de sucre par litre, il faut un sirop cuit à l'alcool, le sirop à eau froide la trouble.

On fera le sirop de vinaigre ou de groseille, qui sont les plus usités et les plus économiques, en égrenant les grains de ce fruit, en les exprimant dans la presse à confiture ou un linge très propre. On ajoutera un quart de cerises et framboises ; laissez fermenter deux jours dans un vase de grès. Mettez dans ce vase 600 grammes de sucre par 500 grammes de jus de groseilles, faites bouillir vivement en remuant bien. Laissez refroidir avant de mettre le sirop dans les fioles. Celui de vinaigre en épluchant 1 kilo de framboises bien mûres et les laissant infuser dans du vinaigre de vin, cinq jours. On passe ce vinaigre et on ajoute, par 500 grammes, 700 grammes de sucre concassé ; placez sur un feu doux ; on remue légèrement, on filtre le sirop, on laisse refroidir et on met en bouteille.

Le café se fait par infusion : on dépose dans un filtre, à cet effet, une cuillerée à bouche de poudre de café par personne, on verse de l'eau bouillante dessus et pour conserver l'arôme de cette boisson, on ferme promptement les orifices du filtre, on ne changera ce dernier de place que lorsqu'on sera sûr que tout le liquide est coulé ; en le remuant avant, on ferait la liqueur trouble et mauvaise.

BOUILLONS

Comme tous les bouillons subissent la même préparation et ne varient que dans le temps de cuisson, qui dure plus ou moins, pour simplifier la chose nous prendrons un seul bouillon type à la suite duquel nous ferons les remarques voulues et nous déterminerons simplement les variations des autres.

Bouillon traditionnel.

Chacun mettra sa poule au pot tous les dimanches.

Prenez une vieille poule de préférence, plumez, videz, flambez, coupez son gésier à petits morceaux, prenez deux doigts de lard, le foie, du persil, de la mie de pain, faites un hachis très fin, râpez un peu de muscade, ajoutez une cuillerée de farine, une cuillerée de lait ou du bouillon, salez suffisamment, assurez-vous si votre volaille est parfaitement vidée, prenez une cuillerée de votre farce, placez-la au fond du jabot, garnissez ainsi tout l'intérieur de la poule, cousez avec une aiguille le coup de ciseau que vous avez donné à votre pièce ; dressez votre volaille en mettant les ailes allongées de côté dont l'une retiendra la tête, retournez les pattes sous la cuisse, après vous être assuré qu'elles sont râclées et les ongles enlevés, mettez-la sur un feu doux avec deux litres d'eau, un os de bœuf de soixante grammes qui fournira de la gélatine, principe nutritif du bouillon ; placez sur un feu doux afin qu'elle s'échauffe lentement et que l'albumine de la viande puisse se dissoudre au lieu de se coaguler immédiatement à la pression calorique du feu ; l'albumine dissoute, suffisamment exprimée par la viande, se prendra ; comme elle est plus légère que l'eau, elle montera à la surface entraînant avec elle toutes les impuretés du bouillon et nous aurons l'écume qu'on aura soin d'enlever avant d'activer l'ébullition. Pour accentuer le bon goût du pot-au-feu, vous ajouterez un morceau de jambon, une carotte, un brin de céleri, un oignon piqué de trois clous de girofle, une tomate et trois grains de sel ; avant de servir vous recueillerez dans un pot la moitié du bouillon filtré et vous ajouterez, suivant le goût du maître de la maison, des pâtes d'Italie ou de France ou des légumes roussis et préalablement cuits dans le même bouillon mais à part, afin que l'arôme de ces légumes soit concentré, délicat. Si le bouillon était trouble, on battra un blanc d'œuf, on le versera dans le bouillon en ébullition, avant de le tamiser et d'y mettre les pâtes, et vous passez le bouillon dans une serviette mouillée d'eau froide. La viande de bœuf donne le meilleur bouillon ; dans ce cas, celle qui est fraîche vaut mieux que celle qui est macérée ; le bouillon de veau est léger, il faut y ajouter un peu de bœuf ; le mouton ne doit s'employer qu'avec du porc salé, on fera alors la soupe aux choux.

Soupe aux choux.

En ajoutant une heure avant de servir trois grosses pommes de terre et, trois quarts d'heure après, des choux verts. Les choux blancs demandent plus de cuisson, on les y mettra en même temps que les pommes de terre.

Soupe Marseillaise.

Faites fondre un morceau de lard et de jambon, ajoutez-y une cuillerée de graisse, faites roussir un oignon coupé à très petits morceaux, une cuillerée de farine, ajoutez un litre d'eau, salez et faites bouillir un quart d'heure, délayez un jaune d'œuf avec des petites cuillerées de bouillon; mélangez sans faire bouillir, et versez sur du pain; servez.

Julienne de campagne.

Faites revenir, dans une casserole, du jambon et de la graisse, coupez en lanières de trois centimètres de longueur des carottes, des navets, des côtes de céleri, des oignons, des pommes de terre, des haricots frais, faites prendre un léger roux, ajoutez un os avec moelle, du poids de 50 grammes; une noisette d'extrait de Liebig pour velouter; mettez le tout dans deux litres d'eau, faites bouillir une heure et servez.

Soupe purée.

Lorsque vous aurez eu des pois, des haricots ou du riz de reste, écrasez-les dans un mortier, versez la purée dans une terrine dans laquelle vous aurez mis du pain grillé et ajoutez du bouillon en quantité suffisante pour faire tremper le pain.

Soupe au fromage.

Mettez un litre d'eau en ébullition, ajoutez un oignon coupé en quatre, un morceau de beurre ou de graisse fine, vous pouvez mettre aussi de petits choux-fleurs coupés menus ou des haricots, faites-les cuire dans ce bouillon et salez très peu. Dans une terrine, déposez une couche de fromage de

Gruyère et Laguiole râpés par égale part, posez au-dessus une couche de pain coupée très mince et ainsi de suite jusqu'au haut de la terrine, ajoutez un petit filet d'huile d'olive ; sur le pain chaque cinq minutes versez petit à petit du bouillon, placez la terrine sur le fourneau ou sur des cendres chaudes, laissez mijoter et servez.

CUISSON DES ALIMENTS

La cuisine doit se faire en temps et lieu.

Nous ne croyons pas devoir insister sur ces divers points, par la raison que nous ne croyons pas qu'il se trouve de maîtresse de maison qui les ignore, tels que la propreté avec laquelle la cuisine doit s'opérer. Mais avant de développer les divers modes de préparation, nous indiquerons le temps de cuisson qu'il faut à tels et tels aliments.

VIANDES CONFITES

Poule vieille........................	5	heures.
Vieux chapon.......................	5	»
Daube de bœuf.....................	6	»
Lièvre en civet.....................	6	»
Lapin en civet......................	3	»
Gigot à l'ail........................	5	»
Vieille perdrix.....................	4	»
Vieux pigeon.......................	2	»

VIANDES ROTIES

Chevreuil...........................	2	heures.
Filet de bœuf.......................	3/4	»
Pièce ou filet de veau et de porc de 1 kil.	1	»
Gigot d'agneau.....................	3/4	»
Dinde, chapon......................	2	»
Lièvre, 1 h. 1/2, levraut, 1/2 h., lapereau.	1/4	»
Poulet..............................	1/2	»
Canard.............................	3/4	»

Jeune canard .... 1/2 heure.
Bécasse et perdreaux.................. 1/2 »
Grive, becfin, alouettes lardées........ 1/4 »
Pigeonnaux............................. 1/2 »

On doit servir les viandes rôties lorsqu'elles ont pris une couleur brun doré, qu'elles sont fermes à la surface, qu'une fumée blonde s'en échappe, et après les avoir salées suffisamment.

Les rôtis qui seront jugés coriaces doivent être arrosés d'un filet d'eau froide au moment de leur plus vive cuisson; on y versera un bon filet d'huile d'olive bouillante aussitôt après. Cette sorte d'hydrothérapie culinaire remet la viande en saveur.

VIANDES GRILLÉES

Filet de bœuf, côtelette de mouton, saucisse,
    tranches de jambon, de 10 minutes à.... 1/4 d'heure.

On sert les viandes grillées aussitôt qu'elles ont pris une couleur brun foncé et qu'elles pleurent des larmes rosées ou des gouttelettes sanguinolentes. On doit les manger très chaudes.

Les viandes rôties ou grillées doivent être surveillées avec soin, elles sont au repas, au milieu des plats, comme la fleur délicate d'un bouquet

Arrosez-les de temps en temps, changez-les d'atmosphère par graduation, c'est-à-dire que la chaleur doit être vive au commencement, puis ralentie, enfin adoucie. Mais alors ne tardez pas à les servir.

VIANDES SAUTÉES

Côtelettes d'agneau, chevreau, poulet jeune,
    lapin jeune.................................. 1/4 d'heure.

ŒUFS

Durs, omelettes, pochés.................. 10 minutes.
Au miroir, à la coque .... 2 minutes.

LÉGUMES SECS

Haricots, pois, lentilles et gesses. On doit mettre une eau soluble, on ajoute à celle qui ne l'est pas un grain de cristaux de soude......................... 5 heures.
Macaroni et riz....................... 2   »

Presque à tous les légumes verts il faut d'une demi-heure à une heure de bonne cuisson, hors les asperges qui sont cuites dans 10 minutes. Il faut au chou farci deux heures. Quant aux poissons d'eau douce, il faut à tous demi-heure de friture. Les poissons de mer demandent quelques minutes de plus.

Plats divers.

Afin d'éviter à celles qui liront l'*Economie domestique* d'ennuyeuses répétitions, nous nous permettrons de convenir avec elles que le jambon et le lard ou graisse nécessaires à tous les aliments dans leur préparation seront appelés *Préparatif gras*.

L'huile et le beurre seront appelés *Préparatif maigre*.

Ici, comme dans le bouillon, nous avons la plupart des denrées qui subissent la même loi de cuisson et de condiment. Elles diffèrent entre elles par l'habitude que l'on a de les faire cuire de telle ou telle manière.

Nous nous permettrons d'indiquer une méthode qui est très simple et qu'approuvent les vrais Alpius et nos meilleurs Lucullus. Elle consiste à faire d'excellents coulis :

Au mouton,

Au bœuf,

Au veau,

Au porc,

Aux volailles,

Au jambon,

Au Liebig,

Au beurre,

A la crême,

Au lait,

Aux œufs,

A l'huile,

Au vinaigre,

Au sucre.

Avec cette variété de coulis, que nous allons indiquer sous le nom de différentes sauces, on variera parfaitement les goûts des aliments, surtout des légumes secs ou verts. Quant à ces derniers, règle générale, on les fait cuire dans l'eau et le sel nécessaires à leur saveur; on les baptisera avec l'un des coulis ci-dessus, ainsi que nous allons en faire l'application appropriée à chaque denrée.

Jus aveyronnais

Mettez dans une casserole un préparatif gras ; lorsqu'il est bouillant, mais non brûlé, faites roussir trois ou quatre petits os de veau, de bœuf ou de mouton ou des morceaux de petit salé, selon le goût que vous voudrez donner à votre plat, un oignon assez gros piqué de deux clous de girofle, une carotte, une côte de céleri, un grain d'ail, un peu de fenouil ou de serpolet ou de laurier, additionnez de trois grands verres d'eau, tantôt d'un filet de vinaigre, tantôt d'un filet d'eau-de-vie pour faire une variation nouvelle, faites réduire à *petit feu* une heure par verre d'eau; au moment de servir délayez une petite cuillerée de fécule, salez et poivrez et passez au gros tamis, remettez dans la casserole avec les légumes que vous devez manger; laissez mijoter pendant un quart d'heure et servez.

Les aliments qui conviennent à ces préparations sont :

Les viandes bouillies et frites, la saucisse;

Légumes secs, haricots, lentilles, gesses, pois, riz, champignons, macaroni;

Légumes verts, chou-fleur, céleri, asperges, scorsonères, épinards, oseille, artichauts partagés; purées.

Si vous voulez faire du gratin, c'est-à-dire établir une croûte grillée sur votre plat, mettez ce dernier dans le fourneau pendant une heure environ.

Ragoûts

Si vous voulez faire un ragoût avec de la viande, vous aurez soin de mettre votre morceau entier ou coupé en même temps que les os dans le préparatif, vous le roussirez et vous laisserez mijoter autant que le jus. Vous ajouterez quelque temps après et vous roussirez légèrement :

Avec le porc frais, des carottes;

Avec le bœuf, des pommes de terre;

Avec le mouton, des haricots;

Avec le veau, des olives, oignons;

Avec le jambon, toute sorte de légumes.

En cas de ragoût, vous mettrez les légumes au naturel, c'est-à-dire simplement épluchés, lavés et égouttés. Il faut à un ragoût 2 heures de cuisson, sauf les haricots secs auxquels vous donnerez 4 heures.

Purées.

On fait les purées : à la pomme de terre, en écrasant ces dernières, cuites à l'eau, les délayant avec du lait.

A la tomate, en les mettant coupées en deux à la poêle ; lorsqu'elles sont cuites, on les exprime à une grosse passoire qui ne retient que les graines et la pelure.

A l'oseille, en la faisant blanchir ; on la délaye avec un peu de farine et du lait.

On fait une purée aux pois, lentilles, marrons, en écrasant ces légumes préalablement cuits et les passant au tamis et en les entourant de croûtons. Sur ces différentes sortes de purées, on verse un bon préparatif : on poivre, on sale, on peut les arroser de jus aveyronnais.

Jus d'Auvergne blanc.

Mettez dans une casserole un préparatif maigre, de beurre frais de préférence, laissez fondre sur un feu doux, ne tardez pas à ajouter une cuillerée de belle farine, ne laissez pas tourner la sauce au brun roux, gardez-la incolore quoique bouillante et versez petit à petit du lait si vous en avez ou de la crème de lait ; plus elle est fraîche, meilleur est le plat ; mettez l'un des aliments ci-dessous que vous aurez eu soin de maintenir chauds et faites cuire doucement durant un quart d'heure :

Choux-fleurs en morceaux ou entiers, asperges coupées, céleri, scorsonère, cuits à l'eau et au sel.

Poissons frits : anguille, truite, rouget. Poissons bouillis : morue, turbot, clovisses.

Œufs de toutes façons.

Remarques, pour les clovisses, on ajoutera à la sauce une brisure de mie de pain, de l'ail, du persil et l'eau dans laquelle ils ont pris le premier bouillon.

Pour la morue, on la fera tremper dans l'eau froide deux jours ; on la fera mijoter dans l'eau bouillante jusqu'à ce que sa chair blanche se soulève en écailles. On lève les arêtes, la peau, les oreillons. On la jette en belles tranches dans la sauce ci-dessus. On laissera cuire en remuant légèrement à petit feu un quart d'heure. On peut encore l'écraser au mortier avec quelques pommes de terre cuites dans l'eau de morue, ou de la fécule de pomme de terre ; on ajoute quelques cuillerées de lait.

Pour cette préparation, faites fondre de l'huile et versez-la bouillante sur du persil et ail hachés, qui couvre la purée de morue, remuez le tout vivement.

Remettez sur le feu. Si la morue ne se lie pas suffisamment, mettez un jaune d'œuf, ne faites pas bouillir et remuez encore.

On sert encore la morue sauté frite avec une sauce au persil, aux cornichons, aux tomates.

On la donne aussi blanchie à l'eau et servie avec des œufs durs, des pommes de terre, de l'huile et du vinaigre.

Remoulade Aveyronnaise.

Faites cuire deux œufs durs, séparez les jaunes et écrasez-les ; hachez les blancs avec un oignon, hachez aussi des herbes vertes telles que chicorée et ciboule, disposez sur un plat un rayon de jaune d'œuf, un rayon de blanc d'œuf et un rayon de hachis vert ; servez avec du sel, du poivre, de l'huile et du vinaigre ; on mangera avec cette sauce :

Le veau froid.	Le thon frais et mariné.
Le gigot froid.	La sardine fraiche et
Les rognons grillés.	à l'huile.
Les riz de veau blanchis à l'eau.	Le homard.
	La morue.

Remoulade du Tarn.

Hachez du persil, de l'ail, des cornichons, mettez une pincée de poivre, du sel, de la moutarde, quatre cuillerées d'huile, un jaune d'œuf frais et battez le tout un quart d'heure. Servez-les tout autour :

D'un poisson frit ou d'un poisson bouilli.

Pour les morceaux de volaille rôtie, prenez le cœur d'une laitue, remplissez chaque feuille de cette remoulade et entourez le plat où vous mettrez les morceaux en pyramide.

A côté de cette remoulade, nous mettrons la poivrade albigeoise, qui se fait en faisant revenir à la poêle du foie de cochon salé, haché menu, que l'on verse sur des petits radis roses coupés en quatre, et qu'on assaisonne d'huile, de vinaigre et de poivre.

Dans certains pays, surtout dans le Tarn, on avait l'habitude, le jour de Pâques, de faire dans toute maison cette poivrade, et on invitait ses voisins à venir la manger.

L'Ayoli Marseillais.

On écrasera dans un mortier dix grains d'ail, on y mettra du sel et du poivre, un jaune d'œuf dur, quatre cuillerées d'huile,

on agitera le tout ensemble durant un quart d'heure.
On servira avec :

Le gigot froid. | Le merlan frit.

Sauce Mayonnaise.

Mettez un jaune d'œuf dans un bol, battez-le vivement, versez en même temps de l'huile d'olive goutte à goutte ; il faut une heure et un endroit frais pour lui donner consistance ; certains y mettent un hachis de cornichons. On sert avec toutes sortes de poissons et viandes froides.

Sauce Blanquette.

Mettez un préparatif gras ou maigre dans la casserole, laissez prendre une couleur opale, prenez un jaune d'œuf, délayez-le avec de l'eau froide, ajoutez un filet de vinaigre, versez cette sauce dans le préparatif ; dès qu'elle est prise comme une crème, versez-la sur les plats suivants :

Anguilles frites,
Agneaux sautés,
Chevreaux sautés,
Pieds de cochon cuits,
Poulets fricassés, c'est-à-dire aliments déjà passés au préparatif et suffisamment cuits avec les condiments de sel et poivre nécessaires.

Sauce au Sucre.

Dans un préparatif gras, mettez une cuillerée de farine, laissez prendre une couleur légèrement ambrée. Ajoutez un verre d'eau, un morceau de sucre et un peu de poivre. Versez dedans :

Des petits pois verts cuits à l'eau suffisamment salée. Cette dernière mesure conserve la couleur primitive.

Des petites carottes, des petits oignons déjà cuits, égouttés et passés à un léger préparatif gras ou maigre.

Sauce au Vin.

Dans un préparatif avantageux, mettez un oignon haché très fin, faites-le dorer avec une demi-cuillerée de farine, additionnez trois verres de vin, laissez bouillir doucement pendant une heure, ajoutez une noix de beurre frais et un verre de bouillon, pour adoucir la sauce; faites griller une belle tranche de pain mince, et versez dessus soit avec des poissons frits, soit avec des œufs pochés. On poche les œufs en les coupant dans un liquide en ébullition.

Sauce piquante Anglaise pour rôtis.

Dans un préparatif bouillant, mettez un oignon haché très fin, du foie de cochon, de gibier ou de volaille pilé, une mie de pain écrasée, du poivre, du sel, faites frire légèrement; ajoutez trois cuillerées de bouillon, trois cuillerées de sang, trois cuillères de vin, faites mijoter doucement ; au moment de servir, ajoutez une noisette de Liebig, passez à la grosse passoire et versez un long filet de vinaigre; servez à côté :

D'un lapin.	Du filet de bœuf.
D'un lièvre.	Du foie de porc,
D'un écureuil.	Des rognons de veau.

Cette sauce servira pour les salmis, en y ajoutant un filet

d'eau-de-vie. Dans ce cas, on prend les beaux quartiers d'une bécasse rôtie, on pile le restant au mortier, qu'on ajoute à la sauce ; après une demi-heure de cuisson, on filtre à la passoire, et on sert après avoir divisé les croûtons de la rôtie en autant de parties qu'il y a de morceaux d'oiseau.

Viandes confites Blanches
OU COULIS DE VOLAILLE.

Chapons.
Vieux canards.
Poules, poulardes.
Oies.

Dinde.
Cuissont de veau.
Porc frais.

On préparera les volailles comme si on devait les utiliser pour le bouillon traditionnel.

Avec les abatis des volailles ou leurs restes, on fera d'excellents coulis; on les garnira de tel ou tel légumes. Le tout doit être passé au roux d'un préparatif salé et poivré suffisamment.

On mettra comme garniture :
Au chapon, du céleri ;
Au canard, des navets ;
A la poule, du riz,
A la poularde, des olives, des champignons ;
A l'oie, des oignons, des marrons ;
A la dinde, des truffes.

Toutes ces garnitures, sauf la truffe, seront cuites à l'eau, et passées à un léger préparatif; cette dernière sera épluchée, mise dans la volaille deux jours avant l'opération du confit ou du rôti. Lorsque on n'aura pas de truffes à employer, on fera une farce comme celle qui est indiquée pour la poule du bouillon traditionnel, on recoudra toujours avec soin les entailles de la peau. Le macaroni et la scorsonère sont aussi une excellente garniture pour ces plats confits.

Viandes noires confites

Lièvre,	Mouton,
Bœuf,	Chevreuil.

On fera dorer le morceau dans un préparatif gras, augmenté de quelques couennes ; on ajoutera un oignon, du serpolet, du céleri et du sel, trois verres de vin rouge ou blanc, sur un verre d'eau, on laissera mijoter plusieurs heures. Les viandes noires supportent peu de garnitures, la carotte ou la pomme de terre seulement. On pourra soumettre à la même préparation les pieds de veau ou de cochon.

Viandes grillées

Pieds de cochon cuits à l'eau, égouttés, saupoudrés de mie de pain.

Biftecks.

Côtelettes de mouton,

Tranches de veau.

On aura un feu clair d'où l'on prendra des charbons ardents, on placera sa grille au-dessus, avec les morceaux de viande sus-nommées, sur lesquelles on versera un filet d'huile ou de beurre ou de graisse, on mettra du sel et du poivre, on fera prendre couleur de chaque côté et l'on servira avec du persil, de l'ail ou de gros cornichons, dès que les viandes feront une sueur rosée.

Viandes sautées

Ris de veau blanchi,	Poulet de grain,
Langue de veau blanchie,	Lapin jeune,
Foie d'oie,	Agneau,
Foie de canard,	Chevreau.

On les mettra dans un préparatif bouillant, on fera prendre une belle couleur, avec ou sans oignons, selon le goût de la maison, on ajoutera du sel et deux cuillerées de bouillon et on laissera cuire pendant un quart d'heure; on servira avec des câpres, des cornichons, de l'ail, du persil ou une sauce aux tomates, à l'oseille blanchie ou aux croûtons frits.

Viandes rôties

On prendra toujours pour rôti des viandes jeunes; si elles étaient fournies par des bêtes vieilles, on aura le soin de les laisser mortifier pendant deux ou trois jours, on les bardera ou on les piquera de lard, on fera prendre couleur à un feu vif, on les salera à mi-cuisson et on ne laissera pas sécher la viande devant le fourneau.

Les principales pièces employées pour le rôti, sont :
Aloyau bœuf,
Filet bœuf,
Foie à la broche,
Gigot,
Lièvre,
Lapereau,
Faisan,
Perdreau,
Canard,
Poularde ou chapon,
Dinde truffée ou non,
Pigeons,
Pluvier,
Vanneau,
Petits oiseaux,
Grives, etc., etc.

Saumon,
Turbot,
Anguille.

Aliments frits.

Toutes sortes de poissons vertébrés,

Les cervelles de veau, de porc, trempées dans du blanc d'œuf ;

Les saucisses ;

Le boudin ;

Les ris de veau ;

Les œufs.

On les jettera dans un préparatif bouillant, on fera prendre belle couleur de part et d'autre, on laissera crépiter un quart d'heure, on aura le soin de saler et de poivrer suffisamment et on servira les poissons, les cervelles sur des tranches de citron, sur une remoulade, sur un hachis de persil, d'ail ou de cornichons ; les saucisses, le boudin, sur des pommes de terre en purée, ou sautées ou confites.

Certains légumes,

Les tomates garnies d'un hachis, restes de viande bouillie au pot au feu ; ou de mie de pain et lard l'un et l'autre liés par un jaune d'œuf, poivre et sel. On trempe la tomate dans le blanc d'œuf battu en neige.

L'aubergine, la carotte, le navet coupés très mince, salé et poivré et servis avec ail et persil.

L'artichaut cuit à l'eau, on l'ouvre par le milieu on enlève le cœur pelucheux, et on le soumet à la préparation des tomates

Le chou Quintal cuit à l'eau, on ouvre ses feuilles, on les garnit d'une farce, on les replie et on passe le chou à un léger préparatif avec deux carottes ou oignons.

Omelettes.

On prendra des œufs les plus frais possibles, on les battra ensemble tandis que le préparatif gras ou maigre se chauffe dans la poêle, on les salera et on les versera dans cette dernière. Dès que les œufs se seront liés et auront pris belle couleur, on les soulèvera adroitement et on pliera l'omelette en deux. On peut verser les œufs battus sur :

De l'oseille crue ou cuite ;
Des asperges cuites ou frites ;
Des petits pois cuits ou frits ;
Des goujons frits ;
Des pommes de terre frites ;
Du saucisson frit ;
Des rognons frits ;
Des cervelles blanchies à l'eau frites ;
Des riz de veau ;
Du jambon ;
Des croûtons frits ;
Du lard ;
Du fromage de Gruyère ;
Des confitures de toute sorte ;
Des raisins de corinthe ;
Des marrons grillés ;
Des pommes reinettes.

On fait des omelettes soufflées en séparant le blanc des jaunes, on fatigue ces derniers ; on fait avec les premiers une mousse blanche consistante, alors on mélange les deux produits, on sale très peu, on verse dans l'huile bouillante et tout d'abord on tourne avec la cuillère en deux ou trois sens, on laisse prendre couleur d'un côté, on fait sauter l'omelette et 5 minutes après on la sert. On la saupoudre de sucre et on l'arrose de cognac ; on y met le feu avec une allumette dont on a laissé évaporer le soufre.

On fait aussi cuire des œufs durs frits ; on les partage ; avec le jaune, du pain, du persil, de l'ail, on fait un hachis, on les garnit de nouveau, on trempe dans un blanc d'œuf cru et on fait frire. On les sert à sec ou sur une purée à la tomate, à l'oseille, à la crème.

Pommes de terre

Comme la pomme de terre joue un rôle important dans l'alimentation, nous la considèrerons, comme les œufs dont nous venons de parler, en aliment de première classe. On la choisira ronde et grosse, blanche ou violette, on la coupera en lanières minces, en demi-lunes, en carrés, en spirales, avec un moule ; on la préparera sautée ou frite à la poêle avec sel, ail et persil, ou on la mettra à confire dans une casserole ; dans cette dernière préparation, on pourra ajouter :

Du porc frais coupé en morceaux ;

Du mouton roussi ;

De l'oseille ;

De la tomate ;

De l'oignon ;

Des œufs durs.

Nous appelons les pommes de terre en robe de chambre lorsqu'elles sont à leur état naturel, cuites simplement à l'eau ou à la vapeur ; on pourra les manger alors avec du beurre, du saucisson et autres viandes, petit salé.

Nous appelons pommes de terre soufflées, des pommes de terre dépouillées de leur robe de chambre et écrasées. On les pétrit avec deux jaunes d'œuf et une cuillerée de beurre et sel, on les reprend avec la main et on en forme une boule que l'on saupoudre de farine afin de mieux la former; on la trempe dans un blanc d'œuf battu en neige et l'on fait prendre une *belle* couleur à la poêle.

Nous appelons pommes de terres farcies celles dans lesquelles on fait un creux qu'on garnit de viandes cuites, persil, ail et qu'on fait cuire dans le préparatif. Ajoutez un peu d'eau dès qu'elles sont roussies.

Salades.

La laitue, la romaine, la chicorée frisée, l'escarole, la chicorée sauvage ou barbe de capucin, le céleri, le cresson de fontaine, le cerfeuil et la mâche.

La salade doit être épluchée, lavée avec soin et égouttée parfaitement avec un linge ou un panier à salade. On la sert sans assaisonnement avec l'huilier et ses accessoires.

On prépare généralement les salades en employant la méthode dite Chaptal.

Vous mettez dans la cuiller de bois le sel et le poivre nécessaires à la quantité de salade que vous avez, vous versez un peu d'huile dessus et faites dissoudre le sel, ensuite vous jetez trois cuillerées d'huile ; vous retournez pour que les feuilles soient bien imprégnées; vous mettez une cuillerée de vinaigre et vous fatiguez la salade.

Trois cuillerées d'huile et une de vinaigre suffisent pour une salade destinée à six personnes.

On fait des salades de pommes de terre, des salades d'œufs, de betteraves, de choux-fleurs, ces quatre aliments cuits à l'eau; de fines herbes, de concombres, etc., etc.

Crêmes.

Faites bouillir un litre de lait où vous ferez dissoudre 200 gr. de sucre. Lorsque le lait est en ébullition, retirez-le du feu, battez six jaunes d'œufs, ajoutez six cuillerées de lait bouillant et versez dans la casserole. Remettez sur un feu doux. Tournez constamment dans le même sens jusqu'à ce que la crême prenne une consistance épaisse, retirez-la du feu, filtrez à travers une grosse passoire et laissez refroidir. Battez vos blancs d'œufs très durs, mettez-les sur une feuille de papier en forme cloche, saupoudrez de sucre, faites prendre couleur dans le fourneau. Enlevez le papier et placez ce gâteau à la neige sur la crême. Pour embellissement émondez des amandes, en les mettant dans de l'eau bouillante après avoir enlevé la coque. La peau se soulève seule, coupez-les en quatre et piquez-les aux trois quarts sur votre crême et gâteau à la neige.

On fera de la même manière, la crême au café, au chocolat, à la vanille. Toutefois l'infusion de ces trois arômes doit être faite dans un seul verre de bon lait ; pour ce verre de lait en plus, on ajoutera un jaune d'œuf.

Café infusé et filtré, deux cuillerées ;

Chocolat, deux grosses billes ;

Vanille, demi-gousse ;

Caramel, une cuillerée.

Flans.

Délayez 125 gr. de farine ou de fécule, 180 gr. de sucre avec 2 litres de lait ; faites bouillir et ensuite refroidir à moitié ; ajoutez 6 jaunes d'œufs, une cuillerée de fleur d'oranger, 3 blancs d'œufs fouettés, faites cuire au bain-marie, dans une coupe enduite de caramel blond, que vous aurez fait en faisant fondre sur un feu vif 2 cuillerées de sucre pulvérisé. Versez le flan refroidi sur un plat et arrosez-le d'un filet de café sucré ou de sirop de groseille.

On peut encore faire les flans en délayant dans un seul litre de lait 6 jaunes d'œufs, ajoutant une pincée de sel, 100 gr. de sucre et en faisant prendre à un feu doux,

Pâte brisée.

Prenez 1 kilog. de farine, faites un creux dans le milieu et mettez-y 500 gr. de beurre, 30 gr. de sel, quatre œufs entiers et deux verres de lait; mélangez le tout ensemble et assemblez la pâte sans pétrir. Donnez-lui quatre tours, comme il est expliqué pour la pâte feuilletée dont nous allons parler.

Pâte Feuilletée.

Ayez sur une table 1 k. de farine, faites un bassin dans le milieu et mettez-y 30 gr. de beurre, deux blancs d'œufs et deux verres d'eau, formez votre pâte et rassemblez-là. Après l'avoir laissé reposer une demi-heure, étendez votre pâte et couvrez-la avec 1 livre de beurre. Vous replierez les deux bords de la pâte sur le beurre, de manière à ce qu'il en soit bien enveloppé, donnez ensuite un tour à la pâte. Pour cela, étendez-là en long avec le rouleau jusqu'à ce qu'elle n'ait plus que l'épaisseur du doigt; alors vous la replierez en trois et vous lui faites faire un mouvement pour que ce qui se trouvait à l'un de vos côtés se trouve devant vous. C'est là ce que l'on appelle un tour ; répétez cette opération cinq fois et laissez reposer la pâte, ensuite vous la découpez selon l'usage que vous voulez en faire.

Plum-Pouding.

Pétrissez avec 750 gr. de farine 1 kilog. de graisse de bœuf, ajoutez 750 gr. de raisins secs débarrassés des pépins, ajoutez un verre de vin de madère, deux petits verres d'eau-de-vie, des zestes de citron, du cédrat confit coupé en dés, 5 gr. de sel, 60 gr. de sucre et huit œufs ; vous délayez bien le tout avec du lait, de manière à donner la consistance d'une pâte un peu liquide. Etendez une serviette blanche, saupoudrez de farine, versez dessus le plum-pouding ; relevez les quatre coins de la serviette, ficelez, placez sur une passoire et plongez dans l'eau bouillante en continuant à faire bouillir doucement ; six à sept heures sont nécessaires pour que la cuisson soit parfaite ; quand il est cuit, on le sert arrosé de la sauce suivante :

Vous prenez une pincée de farine, 12 gr. de beurre, de l'écorce de citron et de cédrat hachés, 2 gr. de sel et 30 gr. de sucre ; vous placez le tout dans une casserole sur le feu, vous mouillez avec une certaine quantité de vin de Madère, vous faites cuire comme pour une sauce ordinaire. On peut mettre à cuire le plum-pouding au four dans une casserole beurrée. On le sert aussi avec un punch flambant suffisamment sucré.

Biscuits de Savoie.

Prenez douze œufs, du sucre autant que pèsent les œufs, et de la farine moitié de ce poids. Cassez les œufs, mettez à part les blancs, battez les jaunes avec le sucre en poudre, en y ajoutant un peu de fleur d'oranger et de l'écorce de citron râpée, fouettez les blancs jusqu'à ce qu'ils soient en neige, et mêlez-les avec les jaunes; ajoutez, alors, la farine et battez avec un outil appelé poignée d'osier. Mettez votre pâte dans des caisses de papier, glacez-la avec un mélange par moitié de sucre et de farine et faites cuire dans un four peu chaud.

Ces biscuits, comme tous les autres, peuvent se faire sous le four de campagne.

Gâteau aux Confitures (Tarte).

Faites une abaisse de pâte feuilletée, et couvrez-la à l'exception d'un peu sur les bords, avec de la marmelade d'abricots ou autre, qui ne soit pas trop liquide; disposez par dessus une grille de même pâte, que vous souderez à celle de dessous, en la mouillant sur les bords; faites cuire au four, ou sous le four de campagne.

Nougat.

Épluchez une livre d'amandes douces que vous couperez en petits carrés, faites-les sécher au feu en les y laissant jusqu'à ce qu'elles deviennent jaunes. Faites fondre 350 gr. de sucre en poudre dans un poêlon en cuivre, remuez jusqu'à ce qu'il soit bien fondu et qu'il forme un caramel légèrement coloré, jetez alors vos amandes. Garnissez votre moule avec de l'huile et versez la préparation ci-dessus, dressez les amandes autour de ce moule en les appuyant légèrement à l'aide d'un citron ou d'une carrotte. Cette opération doit être faite très vivement, car d'elle dépend la réussite du nougat.

Charlotte méridionale

Prenez des biscuits, passez-y une couche de confitures sur le côté, placez-les sur un plat, très serrés, donnez-leur une forme en couronne, versez au milieu une crême épaisse, une marmelade de pommes, de prunes, ou de la crême fraiche de lait, battue avec des amandes pilées; dans toutes ces garnitures, vous incorporerez 100 gr. de sucre et un peu de citron rapé; sur la marmelade, vous ferez un décor avec un biscuit coupé à petites tranches et saupoudré de sucre.

Beignets

Délayez de la farine avec trois cuillerées d'eau, faites cuire dans une casserole, en remuant cette pâte afin qu'elle ne se prenne pas au fond, laisser tiédir, ajoutez deux jaunes d'œufs, très peu de sucre, un peu de beurre, jetez de petites cuillerées de votre pâte dans l'huile bouillante, lorsqu'elles sont bien gonflées et qu'elles ont pris couleur de tout côté, saupoudrez de sucre et servez.

A la pomme

Délayez de la farine avec deux jaunes d'œuf, faites une pâte épaisse, mettez une cuillerée d'eau-de-vie, très peu de sucre et très peu de sel. Coupez votre pomme en rond en enlevant les pépins assez minces, trempez la dans la pâte et faites frire, servez chaud saupoudré de sucre. On fera les mêmes beignets en remplaçant les pommes par des abricots, des feuilles d'oseille ou des fraises.

COMPTABILITÉ

> « Qui compte bien, garde son bien,
> Qui compte mal, va à l'hôpital. »

Toute maison sérieuse possédera un carnet que nous appellerons « Vie active », se composant de deux cents feuilles, divisé en quatre parties.

La première partie servira à écrire les dépenses journalières ; on lui donnera la plus grande part de feuilles ; elle contiendra autant de cadres qu'on aura de comptes à établir. Le total mensuel de chaque article se fera au fond de la page et le total journalier sur le côté droit.

La seconde partie sera pour les recettes.

La troisième partie sera pour l'inscription du louage des domestiques, des journaliers et des échéances de mandat.

La quatrième pour les occupations et les évènements sérieux qui ont marqué chaque journée, et pour l'inventaire de fin d'année.

Ce carnet établira le revenu sur lequel on pourra baser les dépenses de l'année suivante.

Il s'agit, je suppose, d'un ménage disposant de 3,000 fr.

Provision mensuelle.

On prendra 250 francs par mois, répartis pour un ménage de quatre personnes :

1 k. 600 g. de pain, à 30 c. le kilo, soit, par mois..	15 fr.
1 k. de viande par jour, à 2 francs, soit............	60
1 plat de légumes par repas, valant 25 centimes...	15
Une moyenne d'épicerie........................	15
Les desserts gâteaux 30 juillet..................	5
Le vin, 1 litre par repas, acheté en gros..........	30
Loyer.......................................	30
Lessive mensuelle.............................	10
Mercerie, articles de bureaux...................	2
Secours aux pauvres...........................	1
Répétitions pour l'enfant.......................	25
Habillements divers............................	30
Femme de ménage.............................	10
Dépenses imprévues...........................	2
Total............	250 fr.

Ce chiffre est indiqué pour les classes bourgeoises, employés de l'Etat, employés de commerce, employés de l'industrie.

Dans les classes inférieures, on supprimera sur le loyer, sur les habits, sur la femme de ménage. On fera le plat de légumes plus copieux et celui de viande plus petit.

La femme qui sera robuste blanchira elle-même son linge,

toujours dans une atmosphère douce et dans des conditions favorables.

Le travail fait du bien à la santé, il dissipe l'énervation et l'oisiveté, qui est la mère de tous les vices dans les classes pauvres, comme l'orgueil en est le père dans les classes riches.

Cette même femme, encore, ayant peu d'appartements à tenir propres, une cuisine moins délicate à faire, pas de visites à rendre et à recevoir, rarement des correspondances à entretenir, tâchera d'employer son temps à de petites coutures, telles que fabrications de tabliers, de sacs, vente de légumes, de fil, aiguilles, cordons, papier à lettre, laitage, et autant de petits commerces qui n'ont pas de mise de fonds coûteuse et qui laissent de petits résultats ; mais qu'elle se souviennent qu'elle ne doit jamais laisser ses repas à faire, ni son lit, ni la propreté de sa petite cuisine. Elle ne doit jamais laisser sa maison, ni son enfant, à l'abandon ; elle prendra la clef dans sa poche et conduira son fils à l'école, avant d'aller faire sa vente.

Les carnets, que nous appelons « Vie active », seront déposés chaque année dans un casier expressément fait pour eux ; ce seront les archives de la maison, où les personnes jeunes considéreront leur présent, les vieillards leur passé, les enfants leur avenir.

Ces derniers auront ainsi un exemple permanent d'ordre et d'économie, qui leur servira de guide pratique ou de reproche vivant s'ils s'écartent de la route qui leur a été tracée.

Nous donnons, ci-après, un exemple de chaque feuille de carnet, appelé à juste titre : VIE ACTIVE.

Dépenses 1887.

Janvier	Vin.	Pain	Viande	Légumes	Dessert	Epiceries	Lingerie	Monsieur	Madame	Bébé	Pauvres	Domestiques	Maison	Voyages	Bureau	Total du jour
1	1 »	» 50	1 75	» 50	» 20	1 50	» 40	» »	» »	» »	» 05	» »	» »	» »	» »	5 90
2																
3																
4																
5																
6																
7																
8																
9																
10																
11																
12																
13																
14																
15																
16																
17																
18																
19																
20																
21																
22																
23																
24																
25																
26																
27																
28																
29																
30																
Total du mois																

Recettes 1887

Janvier	Fermes	Actions Cadix-Xérès	Appointements	Travaux de couture	Revenus divers	Argent remboursé	Total du jour
1er	110	25	200	»	5	15	355
8	10	»	»	»	3	»	13
Total du mois..							

— 309 —

Notes — **1887**

DOMESTIQUES	PAYÉ	ACQUIT	JOURNÉES	PAYÉ	ACQUIT	ÉCHÉANCES	PAYÉ
Loué Baptiste, le 1ᵉʳ janvier à 15 francs par mois. Le 30 janvier....	15	Baptiste	Loué Jeanne-Marie, femme de ménage, le 1ᵉʳ janvier à 10 fr. par mois. Le 10 janvier, avancé.	3	X	Le premier mai, acceptation au 15 mai du mandat du vin, maison Rabot, acquitté le 15, ci..... Pour acquit : Rabot.	30
			Rosalie, journalière à 1 fr. 25 par journée : Le 15, 1 journée ; Le 22, 1 journée ; Le 25, 1/2 journée.	3 15	Rosalie	Le 20 Mai. Facture d'habits. Pour acquit : Rossignol.	25

JANVIER — INVENTAIRE DE FIN D'ANNÉE ACTIF			INVENTAIRE PASSIF		VIE ACTIVE
	Fr.	C.			
Avoir : Vache à lait	250	»	Achats de Terres		Le 15 Juin, Voyage avec M. Bébé à l'Exposition de Toulouse. — Le 18, Visite à la famille Enjalbert. — Le 20, Reçu la visite de Mme March, qui a apporté un bouquet. — Le 25, Habillé Bébé en homme pour la première fois. Costume marin. Il en a pleuré toute la journée, il s'est caché dans les jupes de Maman. Papa a fouetté Bébé, il a grondé Maman qui le raisonnait à tort. — Le 30, Demande en mariage de ma sœur Sophie.
— 10 hectolitres avoine	90	»	payables en		
— Chanvre	10	»	cinq ans..	10.000	
— Cochons	130	»	reste dû sur		
— Vin	15	»	le cheval..	200	
— Graisse	30	»	sur. les outils.	50	
— Volailles de toute espèce	15	»	sur les meubles	300	
— 1 Cheval	500	«			
— Outils aratoires	200	»		10.550	
— Terrain	20.000	»	Balance...	10.990	
— Argent	300	»			
	21.540			21.540	

Notre étude d'économie domestique est terminée, il s'en dégage cette idée principale, qui est l'affection de famille, traduite dans toutes les actions de la vie, même dans la préparation de la cuisine et la comptabilité. Il faut que le cœur conduise la main. Pour ceux que l'on aime, on deviendra alors facilement habile, économe, propre, gracieuse. L'ange des riants souvenirs et de la consolation personnifié dans la femme de devoir et de pratique, se retrouvera dans chaque foyer, sous les traits de la mère de famille, simple, grave et gaie à la fois, sous la forme de la jeune fille modeste, attentive et enjouée sans être folâtre. L'homme qui vivra dans ce milieu, de bon qu'il est, deviendra encore meilleur. Chacun sera heureux d'accepter la devise :

Cor unum et anima una.

Dans la maison où cette acception serait impossible pour cause d'antipathie de caractère, chose si commune de nos jours, où chacun ne voit que le « moi », la femme qui aura rempli tout nos préceptes d'économie domestique aura la satisfaction d'une conscience tranquille ; elle considèrera son âme qu'elle ne peut identifier, comme elle le voudrait, à un pauvre oiseau prisonnier aspirant à l'air pur et à la liberté du ciel.

> Parvis sacré, demeure sainte
> Oh ! qu'il doit être beau ton immortel palais.
> C'est là que l'on aime sans crainte,
> C'est là que l'on aime à jamais.

TABLE DES MATIÈRES

Dedicace...	1
Sympathie à mes lectrices	3
Respect aux autorités.............................	5
Avant-propos au public...........................	9

PREMIÈRE PARTIE

Morale domestique.................................	13
Devoirs d'une femme envers la Providence et elle-même.	15
Devoirs envers les parents.......................	23
Devoir fraternel....................................	26
Devoirs d'une femme envers son mari............	31
— — envers ses enfants. La mère....	37
Charges d'une mère................................	45
Devoirs d'une maitresse de maison envers ses domestiques..	65
Le serviteur envers les maitres...................	68
Devoirs envers les amis...........................	69
Devoirs envers les ennemis.......................	71
Devoirs envers les malheureux...................	74
Le public, le monde, le voisin....................	81
L'hygiène et la santé..............................	88
Hygiène de l'enfant................................	100
De la beauté.......................................	108
Moyens propres à corriger la laideur............	113
Première notion d'économie politique............	117

DEUXIÈME PARTIE

L'habitation et ses dépendances..................	129
La cuisine..	131
Les ustensiles.....................................	133
Chauffage..	139
La salle à manger.................................	146
Salon...	149
Cabinet de travail.................................	151
La cave...	153
La buanderie......................................	157
Premier étage.....................................	163
Chambre à coucher des enfants...................	164

Lingerie.. 166
Vestiaire... 169
Chambre d'amis... 170
Chambre des domestiques..................................... 170
Greniers... 171

TROISIÈME PARTIE

Notions d'agriculture, horticulture et floriculture.... 175
Programme mensuel... 175
La fenaison.. 191
La moisson... 198
Les vendanges.. 203
Le jardin.. 206
Écuries.. 209
Basse-cour... 211
Grange... 214

QUATRIÈME PARTIE

Physionomie des denrées alimentaires....................... 217
Fruits... 221
Plantes potagères.. 222
Salades.. 224
Condiments... 224
Sels... 225
Huiles... 224
Chocolats.. 227
Sucres... 228
Miel... 229
Graisse.. 229
L'eau.. 230
Vins... 231
Boissons diverses.. 232
Œufs... 234
Lait... 235
Fromages... 236
Le beurre.. 237
Volaille... 238
Gibier... 239
Poissons... 240
Viandes de boucherie....................................... 241
Denrées coloniales... 244
Denrées maritimes.. 246

Denrées conserves alimentaires.................... 248
Gâteaux secs...................................... 249
Etoffes... 250

CINQUIÈME PARTIE

Art culinaire..................................... 253
Menus de famille.................................. 256
Dîners divers..................................... 262
Epluchage des légumes............................. 263
Légumes à peler................................... 264
Légumes à éplucher................................ 265
Légumes à racler.................................. 266
Manière de vider le gibier........................ 266
Manière de vider le poisson....................... 267
Manière de vider les volailles.................... 268
Provisions conservées : manière de conserver la graisse. 269
Conservation du lard et du jambon................. 270
Fabrication des saucissons........................ 270
Conservation du beurre frais...................... 271
Beurre fondu...................................... 271
Beurre salé....................................... 272
Fabrication du pain............................... 272
Conserves alimentaires : confitures............... 274
Fruits.. 276
Foies... 277
Boissons de ménage................................ 277
Bouillons... 279
Cuisson des aliments.............................. 283
Plats divers...................................... 285
Jus aveyronnais................................... 286
Ragoûts... 287
Purées.. 288
Jus d'Auvergne blanc.............................. 288
Remoulade aveyronnaise............................ 289
Remoulade du Tarn................................. 290
L'ayoli marseillais............................... 290
Sauce mayonnaise.................................. 291
Sauce blanquette.................................. 291
Sauce au sucre.................................... 291
Sauce au vin...................................... 292
Sauce piquante anglaise pour rôtis................ 292
Viandes confites blanches......................... 293

Viandes noires confites............................	294
Viandes grillées.................................	294
Viandes sautées..................................	294
Viandes rôties...................................	295
Aliments frits...................................	296
Omelettes.......................................	297
Pommes de terre..................................	298
Salades	299
Crèmes...	300
Flancs..	200
Pâte brisée......................................	301
Pâte feuilletée	301
Plum-Pouding....................................	302
Biscuits de Savoie................................	302
Gâteaux aux confitures (tarte)	303
Nougat...	303
Charlotte méridionale.............................	304
Beignets à la pomme..............................	304
Comptabilité. Carnet Vie active...................	305

POÉSIES

CONTENUES DANS L'OUVRAGE

Consolation.....................................	3
La mort (inédit).................................	24
Le jugement du Diable............................	35
A mon berceau (inédit)............................	48
Un baptême (inédit)..............................	51
Pour Jésus......................................	53
Pour la Vierge...................................	53
Un mariage (inédit)..............................	55
Berceuse : la mère et le rouet.....................	61
« Moïse français......................	63
Chanson de dessert...............................	82
Commandements de Lucine........................	107
Ce qu'il faut à une femme.........................	123
Le champ des genêts..............................	140
Le printemps....................................	189
Strophes de Lamartine............................	193
Le moulin.......................................	218

NOTE PRÉCIEUSE

1º Les maladies de la peau sont le désespoir des jeunes personnes et des femmes propres. J'ai cru être agréable à mes lectrices, en leur faisant connaître l'existence d'un sirop dépuratif, spécialité de l'*Economie Domestique*, qui réunit une efficacité incontestable à un prix modéré;

2º Une pommade antiherpétique (spécialité de l'*Economie Domestique*) d'un excellent effet pour les boutons, gerçures, pellicules et pour la toilette intime;

3º L'enfant est si malheureux de la souffrance que lui occasionne les croûtes laiteuses, les irritations épidermiques, qu'une mère doit y apporter remède. Elle le peut, en employant la poudre antiseptique (spécialité de l'*Economie Domestique*);

4º Une famille possède depuis longues années la propriété d'un onguent résolutif que le public a apprécié. Pour les panaris, on emploiera le nº 1; pour les abcès et furoncles, le nº 2. (Spécialité de l'*Economie domestique*).

5º Les femmes et jeunes filles d'un tempérament délicat qui n'auront pas de rhumes chroniques feront usage de cacao ferrugineux ou de chocolat ferrugineux, spécialités de l'*Economie domestique*. On devra employer le chocolat purgatif pendant deux semaines à chaque renouvellement de saison et lorsqu'on sera sujet à la constipation. Le chocolat vermifuge devrait être le déjeuner et le goûter de nos chers enfants.

6º Après l'utile, il nous est permis de songer à l'agréable. Je présente à celles qui sont soucieuses de leurs dents, l'eau et la poudre dentifrice de l'*Economie domestique*, que j'utilise moi-même depuis longues années avec pleine satisfaction.

7º De toutes mes spécialités, celle qui sera la mieux accueillie sera peut-être le bonbon rince-bouche qui, par sa composition, détruit le corps gras et les salives pâteuses qui adhèrent aux dents et rend inutile le verre d'eau tiède avec lequel on lave sa bouche après le repas et qu'on rejette devant les convives. C'est un frisson de dégoût... Il remplace avantageusement en dehors des repas les pastilles à odeurs fortes ; il est encore stomachique.

PRIX :

Sirop dépuratif....................	2 f. 50
Pommade antiherpétique..............	1 50
Poudre antiseptique.................	0 75
Onguent résolutif...................	2 »
Cacao ferrugineux...................	0 75
Chocolat ferrugineux................	0 75
— purgatif................	0 75
— vermifuge...............	0 75
Eau dentifrice......................	1 50
Poudre dentifrice...................	0 75
Solution insecticide................	0 75

Une notice indiquant le mode d'emploi accompagnera chaque produit et on exigera notre signature.

Le dépôt général des produits de l'Economie Domestique est chez Mme GAILHARD-BONZOM, pharmacien, rue Alsace-Lorraine, 43, Toulouse.

La remise d'usage sera faite à MM. les Pharmaciens.

Notre ouvrage se trouve à l'imprimerie Marqués & Cie, 22, boulevard de Strasbourg, chez les éditeurs MM. Privat et Hachette, chez MM. les libraires de Toulouse et chez l'auteur, rue Saint-Antoine-du-T, 6.

L'édition classique, corrigée, avec questionnaire, paraîtra en octobre 1887.

L'édition de luxe, avec six belles planches et six morceaux de musique inédits, en décembre 1887.

Le dépôt des gâteaux économiques dits du « 30 juillet » se trouve chez Mme Marche-Gauthier, rue de la Colombette, 62.

Les produits de l'Economie domestique seront mis en vente à partir du 1er septembre.

A dater du 1er décembre 1887, il sera ouvert des cours de morale et d'économie domestique par Mme Vergnes-Vergnier, rue Saint-Antoine-du-T, n° 6, à la salle des Femmes de France. Ne seront admises que les personnes âgées de 16 ans. Mme Vernes-Vernier se tient à la disposition des autorités pour faire un cours gratuit là où il sera jugé à propos.

Documents manquants (pages, cahiers...)
NF Z 43-120-13

www.ingramcontent.com/pod-product-compliance
Lightning Source LLC
Chambersburg PA
CBHW060641170426
43199CB00012B/1634